希望難民

ピースボートと「承認の共同体」幻想

古市憲寿

光文社未来ライブラリー

0013

JN020764

はじめに

「世界一周クルーズ99万円」

街中で「世界一周、99万円」や「地球一周の船旅148万円」と書かれたポスターを見たことはないだろうか。世界各地の風景や人びとの笑顔が並べられたポスター。気にすると、居酒屋や飲食店など様々な場所に貼られていることに驚かされる。NGOピースボートの主催する世界一周クルーズの広告だ。

本書は、そのピースボートに乗船する若者たちについての本である。彼らがどのようにピースボートに興味を持ち、船内でどのような活動をし、そして帰国後どうなったかまでの過程を追った。

ピースボートをただの観光クルーズ船だと思ったら大間違いだ。僕が乗り合わせたクルーズはエンジンが壊れたり、船体に穴があきアメリカ湾岸警備隊に拿捕《だほ》されたり、それに怒った年配者たちが集会を開いたり、それを見て若者たちが泣いたり、本当に色々なことがあった。それをただ記述して「ルポ」にしても、それなりに面白い内容になったと思う。

しかし、それだけでは勿体《もったい》ないと思った。それは、ピースボートが日本社会のある部分を濃縮したような空間だと感じたからだ。ピースボートを通して見えてくるもの。それは、今を生きる若者の問題、不安定雇用の問題、組織の問題、旅の問題、自分探しの問題と様々だ。僕は特に「コミュニティ」と「あきらめ」というキーワードと共にピースボートを考えてみたいと思った。

コミュニティが若者を救う?

なぜ「コミュニティ」か。実は近年、「コミュニティ」や「居場所」は若者を救うための万能薬のように語られることが多い。「家族」や「会社」「地域」「国家」などかつての共同体が壊れていく中で、若者の「社会的排除」という現象が問題になっている。

「社会的排除」というのは簡単に言ってしまえば「貧しさ」と「寂しさ」が合わさったような概念だ（鈴木 2008）。大物政治学者のナンシー・フレイザーの言葉を借りてかっこよく言えば、「再分配の正義」と「承認の正義」が危機に瀕する状態と言える（Fraser 1997=2003）。

この「貧しさ」と「寂しさ」の処方箋《しょほうせん》として色々な人が取り上げているのが「コミュニティ」や「居場所」である。「コミュニティ」や「居場所」が若者に承認を与えてくれるだけでなく、社会を変えるための拠点になると考えている人も少なくない。第1章で詳しく論じるが、本書ではそれらの議論をまとめて「承認の共同体」と呼んでいる。

しかし、僕は「承認の共同体」を魔法のようなものとは考えない。もちろん、「承認の共同体」に一定の価値はあるだろう。だが、それは「コミュニティ」や「居場所」を万能薬のように語る人びとが期待する機能とは違うものだ。むしろ、本書の発見はその真逆とも言えるかも知れない。

若者をあきらめさせろ

ここでもう一つのキーワード、「あきらめ」について説明しておこう。本書には、今の日本社会において「若者たちをあきらめさせる」ことが必要なのではないかという問題意識がある。

「夢はあきらめないでいれば必ず叶う」
「どんなに苦しくても夢をあきらめないで」

誰もが一度は耳にしたことのある言葉ではないだろうか。ちょうど今もテレビで元オリンピック選手が「若者たちには夢を追うことの大切さを知って欲しい」というようなことを語っていた。素晴らしいメッセージじゃないか、若者が夢を追って何が悪いのかと思うだろうか。

確かに僕たちは、総理大臣にも、歌手にも、モデルにも、野球選手にも、弁護士にも、社長にも、「夢をあきらめなければ」何にでもなることができる。本当にそうだろうか？　「何にでもなることができる」というのはあくまでも可能性の話だ。あまりにも当たり前のことだが、「誰もが」夢を叶えることができる訳では決してない。夢を追うことは若者の特権？　確かにそうかも知れない。しかし、夢を追い続けてボロボロになってしまった30代の若者がいたとしよう。あなたはその彼・彼女に対して責任を取ることができるだろうか？　え、それは自己責任だって？

希望難民の時代

卓球愛好家で作家の村上龍は1998年から2000年にかけて『文藝春秋』で連載した『希望の国のエクソダス』という小説の中で、ポンちゃんという中学生に以下のような言葉を語らせた。

「この国には何でもある。本当にいろいろなものがあります。だが、希望だけがない」

この言葉は1990年代以降の日本の「閉塞感」をよく表している。オイルショック後も続いていた経済成長がバブル経済の破綻と共に終わりを迎え、戦後日本が当たり前だと思っていた体制や価値観が崩れたのが1990年代だ。GDPベースでは世界に名だたる経済大国になった日本。モノはある。何でも買える。だがそこに「希望」や「未来」はない。

しかし「希望」がないことは本当に不幸なのだろうか。ポンちゃんの「希望だけがない」という言葉は、現代日本において希望が存在しないという事実認識のみを述べた言葉ではない。その前提には、社会や個人にとって希望は存在した方が良いという規範的な意識がある。

だけど人は希望があるから、今自分が置かれている状況と希望を比べてしまう。「ここよりも良い場所がある」「今の私よりも輝く私がいるはずだ」と。その現実と希望とのギャップによって苦しんでしまう人のことを、本書では希望難民と呼びたい。

希望難民は、希望を持ちながら、それが容易《たやす》くは叶わない現実の中で、終わりなき自分探しを続ける。そして希望の叶う見込みのなさから生じる「閉塞感」に苦しんでしまう。

彼らのために必要なこと。それは「希望」の冷却回路の確保だと思う。つまり希望難民化した若者をあきらめさせろというのが本書の提案だ。

若者はとっくにあきらめている?

「若者をあきらめさせろ」なんて言ってしまうと、すぐに反論が返ってきそうだ。今時の若者はとっくにあきらめている、と。

たとえばマーケターたちは現代の若者を「シンプル族」(三浦 2009)、「嫌消費世代」(松田 2009)、「新村社会の住民」(原田 2010)として描く。バブル時代と違って今の若者はブランド志向でもなく、モノをあまり消費しないし、覇気もない。その代わりにエコ志向、地元志向、安定志向というのが彼らの特徴らしい。

だが、それは消費からの撤退ではあっても、「将来の夢」や「社会的地位上昇」という希望からの撤退ではない。『下流社会』で有名な消費社会研究家・三浦展《あつし》(2005)によれば、むしろ「下流」意識が強い若者ほど、「自分らしさ」や「自己実現」志向が強いという。

確かに「夢は億万長者になってフェラーリで六本木デート」みたいな趣味の若者は減ったかも知れないが、全ての若者が夢も見ずに、日々を淡々と送れている訳ではない。夢をあきらめきれずに、夢と現実のギャップが生み出す日常の閉塞感に「生きづらさ」を感じている希望難民たちも少数ではないはずだ。あなたのまわりでも、「カフェを開きたい」「ワーホリに行きたい」「今年こそは語学力をつけたい」とか言っている人がやたら多くないだろうか。

あきらめの仕組みの崩壊

なぜ希望難民が増えてしまうのか。一つの理由に、メリトクラシー（業績主義）と呼ばれる仕組みの機能不全が挙げられる。メリトクラシーとは身分や家柄ではなくて、「能力」のある人が社会を支配するシステム、要するに学歴社会や受験競争社会のことだと思ってくれていい。つまり努力して「いい学校」に入れれば「いい会社」に入れる仕組みのことだ。

日本ではある時期まで、多くの人が、「いい大学」に入れば「いい会社」に入れ、「いい人生」が送れるという「物語」を共有していた。このメリトクラシーの社会では、受験に失敗した人たちは少しずつ「いい人生」をあきらめていく。「俺はこれくらいの大学しか行けないから、これくらいの人生だろう」「俺は高卒だからこれ以上の出世は無理だろう」と。つまり、受験による選抜が若者たちに過大な夢をあきらめさせる効果を果たしていたのだ。

しかし、今やメリトクラシーは壊れかかっている。なぜか。まず「いい学校」に入ったからといって「いい会社」に入れる訳ではなくなったから。今時、いくら東大出身でもマークシート型の問題が得意なだけでは話にならない。企業は学生に「人間力」や「コミュニケーション能力」を要求してくる。

そして、二つ目の理由が、「いい会社」に入ったとしてもそれが「いい人生」を保証するものかみんなが疑うようになってきたから。何が「いい会社」か、何が「いい人生」かわからない時代。「いい大学」だけは偏差値で辛うじてわかるけれど、それが「いい会社」や「いい人生」に直結しているようにはとても思えない。

大企業で馬車馬のように働く親父は幸せそうか？　その妻は幸せそうか？　天下りもできないで税金泥棒呼ばわりされる高級官僚が幸せそうか？

その代わりに、受験競争の外側にはキラキラした「夢」が転がっている。学歴に関係なく成功できる起業家、ＹｏｕＴｕｂｅｒ、アイドル、声優、漫画家といった職業は、学歴が必要な「博士」や「官僚」よりもよっぽど魅力的に見えてしまう。

あきらめさせてくれない社会

このようにメリトクラシーが機能不全を起こす一方で、若者に対して「夢を追いかけろ」「やればできる」というようなメッセージが世の中には溢《あふ》れている。ネットやテレビを見ても、音楽を聴いても、本を読んでも、社会が絶え間ない自己啓発を僕たちに要求してくる。

それに応じるように、若者たちの夢を応援してくれるように見えるビジネスも盛んだ。手軽に僕たちを奮《ふる》い立たせてくれる自己啓発本やセミナーはもちろん、小説家や漫画家になるための専門学校、気軽にワーキングホリデーに行ける仲介会社など、様々なビジネスが若者の夢を応援してくれる。最近では、カフェオーナーになるための専門学校まである。

別に「カフェを開きたい」という人を批判するつもりはない。そもそも、現代社会が若者たちをあきらめさせるような構造にはなっていないからだ。

「経済成長を続ければ幸せになれる」「会社に入れば一生安心」という物語をみんなが信じられなくなった時代、社会も自分も不変なものとは思えない中で、僕たちは誰もが終わりのない自分探しをしている。「青い鳥症候群」という言葉もあるように、僕たちには常に今の生活とは違う選択肢があるように見えてしまう。若者たちが希望難民になってしまうのも仕方ない。

本書の主張が「若者よ、あきらめさせろ」というのがポイントだ。それは、僕が「あきらめろ」ではなく「若者をあきらめさせてくれない社会」という構造を問題にしているからである。

第4章で詳しく見ていくように、「地球一周」や「世界平和」というキラキラした希望を掲げるピースボートというコミュニティには、多くの希望難民たちが参加する。本書ではピースボートを事例として、「あきらめさせてくれない社会」における「承認の共同体」の可能性と限界を探っていく。

この本の読み方

この本は、大きく二つの読み方ができる。一つ目は「コミュニティ」や「あきらめ」を考えるヒントとして。「居場所」「自分探し」「旅」「社会運動」という言葉に興味ある人には、反感を覚えながらも楽しんで読んでもらえると思う。ピースボートに興味がない人は第1章、第2章、第7章と解説を読んで欲しい。

二つ目は「ピースボート」のルポルタージュとして。ピースボート出身の政治家がいたり、乗船手記なども結構出版されているのだが、ピースボートは今まで研究者による分析が行われたことがなかった。「こんな場所があるのか」「こんな人がいるのか」と群像劇的な感覚で読めると思う。ピースボートにしか興味がない人や、分析的な内容がうざいと感じる人は、第3章から第6章（特に5章）を読んで欲しい。

巻末には教育社会学者の本田由紀東京大学教授の「解説、というか反論」がある。途中までは檄文《げきぶん》作家の本田由紀らしからぬ穏やかな文章だが、後半からは「若者をあきらめさせろ」という本書の主張への反論が始まる。本人は軽やかなつもりらしいが、暑苦しさは隠せない。

ところで、必要な場合は本文中に逐一《ちくいち》「本田由紀（2008）」や「（本田 2005）」というように参考文献を載せた。名前と出版年は本書巻末の参考文献リストと対応している。気になる著者や記述があった時に、できるだけ元の文献にあたりやすくするためだ。ちょっと読みにくいかも知れないが、この本をきっかけにお気に入りの本でも見つけてもらえたらいいなとも思う。

では、希望難民ご一行様と共に、世界一周クルーズの旅に出かけよう。

第2章 旅の終焉と新しい団体旅行

第3章　ピースボートの秘密

第4章　自分探しの幽霊船に乗る若者たち

第5章　ルポ・ピースボート

第6章　あきらめの舟

本文図版作成／デザインプレイス　デマンド

注意！

製造物責任としてはじめに書いておく。本書は、読む人にとっては不快な本である。「旅」や「世界一周」「希望」「若者」「世界平和」「夢」「コミュニティ」と一見希望にあふれたようなものについて書かれたものであるにもかかわらず、不快な本である。

それはこの本が「こんなに素晴らしいピースボート」とか、「世界一周して自分を変える旅に出よう！」とか、「夢はあきらめなければ叶う」とか、「やればできる」とか、そういう心地の良いことを一切主張しないからである。

それどころか、「若者の夢をあきらめさせろ」「ピースボートの世界一周クルーズは、若者をあきらめさせるための航海である」「コミュニティは希望の冷却装置である」など本書の発見と主張は、どこまでもネガティブだ。

夢のない時代、せめて本くらいは夢のあることを語れよと思うかも知れない。辛い毎日、せめて本くらいは人を励ませよと思うかも知れない。だけど、まやかしの希望や励ましは結局のところ、何の役にも立たない。だったらせめて、どこまでも悲観的に述べて、どこまでも批判的に否定して、それでもなお残るものを、僕は信じてみたいと思う。

第1章

壊れた日本、希望は共同体？

洋上大運動会で盛り上がる若者たち

何かがおかしい。一体、日本はこの先どうなってしまうのだろう。そんな「不安感」や「閉塞感」がこの国を包んでいる。

この章ではわずか30ページで20世紀の日本を振り返り、この国が今どうなっていて、若者がどのような状況に置かれているのかを見ていく。だけど、どうやら希望はあるらしい。「承認の共同体」である。この章は、本書全体の見取り図であると同時に、現代社会をざっくり理解するための地図にもなっている。

1-1 堅い社会からグニャグニャした社会へ

20世紀を二つに分ける

もし20世紀の日本をある時期で区切れと言われたら、僕は「1973年頃」か「1991年頃」と答える。もちろん戦争を重要視する人なら「1945年」と言うだろうし、ナルシストだったら自分の生まれた年を言うだろう。色々と答え方はある。しかし僕は「1973年頃」か「1991年頃」に、この国の社会に重大な変化が起こったと考えている。多くの社会学者も納得してくれるだろう。それは、明治から始まったとされる「近代」という時代に大きな曲がり角が訪れたのが「1973年頃」か「1991年頃」だからだ。

「近代」とは何か？　社会学者や歴史学者は「近代」を少し特殊な意味で使う。それを説明するにはいくらページがあっても足りないのだが、江戸時代（特に前期）までの「前近代」と比べるとわかりやすい。前近代は、生まれた場所や身分によって一生が左右された時代と整理できる。農民の子は農民の子、商家の子は商家の子として一生を終えることが多かった。自由はないが安定した社会だ。

明治時代以降、日本はヨーロッパを真似《まね》て「近代化」を始めた。それは、それまでの宗教や身分から解き放たれて、「自由」になった人びとが、競争し、衝突し、富を得ようとする時代だ。国を挙げてみんなが「ナンバーワン」を目指す時代と言い換えてもいい。生まれた場所や身分に関係なく誰もが競争に参加して、成功を夢見ることのできる社会が「近代」である。

だが注意すべきは、人びとは身分など旧来のシステムから「自由」にはなったが、バラバラにはならなかったということだ。たとえば田舎から上京してきた人は、「会社」で働き、「結婚」して「家族」を持ち、「地域」の一員として暮らすようになる。つまり旧来の共同体を一度壊して、所属先がなくなった人びとを「家族」「地域」「会社」「国家」といった新しい共同体に再編成する仕組みが近代化でもあった。

そのシステムを支えていたのが、戦前なら「富国強兵」、戦後なら「経済成長」という誰もが「いいこと」だと信じて疑わなかった「大きな物語」だ。つまり、みんなが一つの目標に向かって夢を追えたのが「近代」という時代である。その意味で戦前と戦後に大きな違いがあると僕は思わない。

1973年　世界の曲がり角

だが1970年頃からどうやら世界は変わってしまったようなのだ。先進国の間で起こった「ある変化」と「その変化後の社会」について様々な論者が様々な言葉で語ろうとしている。たとえば「大きな物語の終焉《しゅうえん》」「後期近代」「ポストモダン」「リキッド・モダニティ」「成熟社会」。何となくイメージがつかめるだろうか。本書ではとりあえず「後期近代」という言葉を「近代」との対比で使っていく。

イギリスの歴史家エリック・ホブズボームも、第二次世界大戦後の完全雇用と経済成長による「近代の黄金時代」を経て、1973年頃から人びとが進むべき方向を見失った、不安定と危機の時代が訪れたと言う（Hobsbawm 1994=1996）。一体世界に何が起こったのか。

まず、この頃までに多くの先進国では「近代化」がある程度達成されてしまった。それまでは「経済的に豊かになる」「今日より明日は良くなる」という「物語」を誰もが素朴に信じることができた。「冷蔵庫」だとか「テレビ」だとか、みんなが欲しいものもだいたい一致していた。

1970年に開かれた大阪万博のテーマが「人類の進歩と調和」というのが象徴的だ。「進歩」なんて言葉を使うあたりが、今から見ればとんでもなく楽観的である。一方で2005年の愛知万博で人気を博したのは、映画『となりのトトロ』の主人公が暮らす家を再現した「サツキとメイの家」。どうしようもなく後ろ向きである。

さて、ある程度物質的に豊かになってしまい、ほとんどのものが揃《そろ》ってしまうと、疑問に思う人が出てくる。「経済成長って本当にいいことなの？」「みんながナンバーワンを目指さないといけないの？」その頃から、経済成長の負の側面も注目されるようになる。

日本では1960年代頃から水俣病や四日市ぜんそくなどの公害病が社会問題化した。1972年には『成長の限界』という本がアメリカで出版され、世界中で話題になった。経済・産業の成長が人口爆発やエネルギー資源の枯渇《こかつ》、環境の急激な悪化をもたらし、このままでいけば100年以内に成長は限界に達してしまうという内容だ。

さらに1973年にはオイルショックが起こり、世界的な不況になった。もはや素朴には経済成長に夢を見いだせなくなった時代が訪れたのである。それは社会がもう「大きな物語」を供給できなくなったと言い換えることもできる。「みんなで経済的に豊かになろうぜ！」というかけ声が通用しなくなったのである。世相を反映するように、「せまい日本、そんなに急いでどこへ行く」が1973年の全国交通安全運動の標語に選ばれた。

流動化する社会

では、実際には何が起こったのだろうか。ポーランド出身の社会学者ジグムント・バウマン（Bauman 2000=2001）の言う「リキッド・モダニティ」という言葉が、世界の「変化」をうまく表現していると思う。「リキッド」、つまり社会は流動的になってしまったのである。

「近代」とは、ある標準のモデルが通用する時代だった。「戦争に勝つ」や「経済成長」

というように社会の目標や価値観は共有されている。また、フォーディズムと言って大量に同じモノを作って、大量の消費者が同じモノを買う時代だった。だからモノは標準化され、そこで働く人も標準化される。ということは、教育も同じような人間を大量生産すればいい。

しかし、後期近代ではそうはいかない。ある程度、モノが行き渡ってしまった社会で、消費者は、他のみんなと同じモノを持つだけではもう満足できない。勝手気ままで移り気な彼らのニーズに応えないと、モノが売れなくなる。

たとえば、みんなが車を持ってしまった社会では、もう「車」というだけではだめで、「デザイン」や「性能」「ブランド」など、様々な付加価値をつけていかないと消費者は見向きもしてくれない。この多様化する消費者のニーズとマッチするように、1970年代以降の技術革新は、少数のモノを低コストで製造することを可能にした。また、通信・輸送技術の発達によって、単純作業は途上国にアウトソーシングすればいいようになった（Reich 2007=2008）。

こうして、先進国では今までのように同じような人を大量に雇うモデルが通用しなくなる。言われたことだけをやる人材を正社員として一生雇っていく必要はない。求められるのは、必要な時だけ働いてくれる非正規労働者。もしくは新しい価値を自分で生み出すことができ、交渉やネットワーク形成能力などに長《た》けた「人間力」のある人材だ。

流動的な社会では従来のメリトクラシー（学歴社会）も機能しなくなる。ペーパーテストで計測できるような「近代型能力」、つまり計算能力や知識量の多さだけでは足りない。それに加えて後期近代では「生きる力」や「人間力」といった「ポスト近代型能力」が必要とされる。もう東大を出ただけのガリ勉では、この複雑で流動的な社会を渡り歩いていけない。闘う教育社会学者の本田由紀（２００５）は、現代社会を「ハイパー・メリトクラシー化する社会」と呼んでいる。

終わりなき自分探しの時代

社会に共通の「物語」のない社会では、イギリスのエリート社会学者アンソニー・ギデンズの言う「存在論的不安」（Giddens 1990=1993）がもたらされる。「存在論的不安」とは要するにアイデンティティの危機のことである。家族や会社といったローカルな共同体に個人が埋め込まれていた近代と違って、社会の流動性が増す後期近代では、僕たちは常に「私とは何者なのだろう」と悩まざるを得ない。さらに自分のまわりの環境や社会が不変であるとも思えない。「足場」が切り崩されて、「私」というものがぽつんと浮いてしまう状態を想像してもらえばいい。

後期近代は、誰もが「終わりなき自分探し」に巻き込まれる時代と言える。「自分探し」とは、何も海外を旅するバックパッカーだけの話ではない。

「いい大学に入れれば、いい会社に行ける」「会社に入れば一生安心」という物語をみんなが信じられなくなった後期近代では、僕たちは人生に常に他の選択肢があるように見えてしまう。企業の正社員になれたからといって、その企業がいつ潰《つぶ》れるかもわからない。夢があるという名目でフリーターを続けているけれど、本当に何をしたいかなんて自分でもわからない。

社会はもはや「物語」を与えてはくれないから、自分で自分の物語を作らなくてはならないのが後期近代である。「自分」も「社会」も一貫した不変なものだとは思えない中で、僕たちは誰もが「自分探し」をせざるを得ない時代に生きているのだ。「インディペンデントな生き方」を実践しているはずの人でさえ、どこか不安げで、不安定に見えるでしょ?

1991年　壊れはじめた日本

日本では、1970年代のオイルショック以降も経済成長が継続した。世界中が不況になる中、1980年代までは円安による輸出依存型の経済構造、1985年のプラザ合意以降は金融緩和と内需拡大によるバブル経済などの複合的な要因によって、日本は平均4・2％（1974年度から1990年度）の経済成長を続けたのである。他の国で頓挫《とんざ》してしまった経済成長という夢を、日本だけは追いかけ続けることができたのだ。

だが知っての通り、1991年頃からバブルは崩壊していった。もちろん、1970年代以降日本でも価値観の多様化は進んでいたが、ここで初めて日本は「近代」という制度に本格的な見直しを迫られたのである。

戦後日本は「家族」「教育」「仕事」という3つの領域がうまく連携していた社会であった（本田 2008a）。「家族」の領域では、お母さんが子どもに対して「教育」にお金をかける。それは成績を上げて「いい学校」に入れば「いい会社」に入れるという期待があるからだ。「教育」の領域は、新卒一括採用という日本独自のシステムによって労働市場に安定的に労働力を供給し続けた。「仕事」の領域では一家を支え

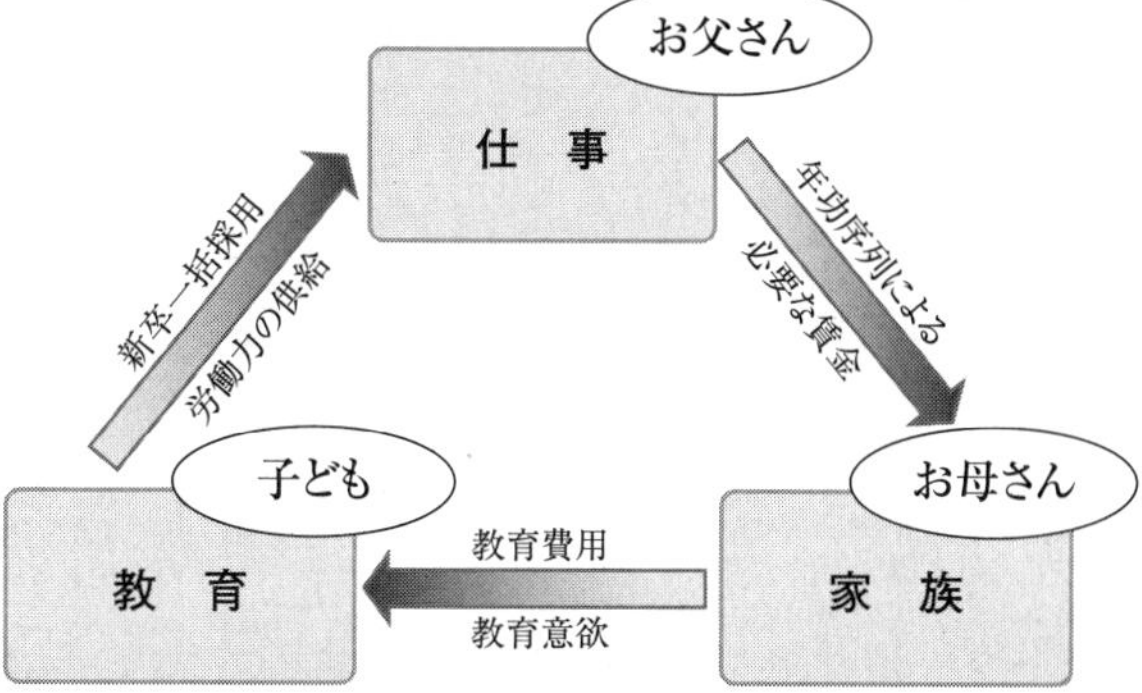

図1−1　戦後日本の「家族」「教育」「仕事」の関係

るお父さんが、「家族」にお金を持ってくる。そのお金で「家族」はまた子どもの教育に投資をするという循環モデルだ（**図1-1**）。

しかし1990年代以降、このトライアングルは成立しなくなる。「仕事」の領域が不安定になってしまったからだ。「いい学校」を出ても、「いい会社」の正社員になれるとは限らない。安定した仕事に就けないと家族どころか自分を養うことさえもできなくなる。家計が苦しいと教育どころではなくなる。こうして、トライアングルからこぼれ落ちる層と、少なくなったパイを争って何とかトライアングルにしがみつこうとする層が二極化し始めたのである。

戦後日本は福祉を企業経由で提供してきた社会でもある。それは「日本型経営」と言って、終身雇用、年功序列、企業別組合という「三種の神器」によって成立していた。終身雇用で失業リスクはない、年齢と共に給料が上がるから子どもの教育費や親の介護費もまかなえる、組合が正社員の福利厚生を守ってくれる。つまり「正社員になれば、定年までは安心」という仕組みのことだ。

もちろん、バブル崩壊前も全ての人が「日本型経営」の恩恵を享受できた訳ではない（仁平 2009）。「三種の神器」とはあくまでも大企業のサラリーマンに限っての話で、中小・零細企業で働く人、自営業者、農民層では劣悪な環境で働く人も多かった。「かつて日本の企業は全て終身雇用だった」なんてのは大嘘である。

それでも「日本型経営」をさも「日本の標準」とみんなが信じることで、このモデルは成立していた。

バブルの崩壊は、この「日本型経営」に見直しを迫るものだった。正確に言えば、これから労働市場に参入してくる人（つまり若者）に対して、もはや同じ仕組みを提供できなくなったのが、1990年代以降の日本である。整理解雇の4要件という有名な判例もあり、日本は正社員の解雇に非常に厳しい規制がかかっている。人事担当者向けの『ダメ社員の辞めさせ方』という本があるくらいだ。

だから雇用調整をしようと思ったら、新卒採用の縮小という形で行い、足りない労働力は解雇しやすい契約労働者や派遣労働者で補うようになる。こうして、労働市場参入前だった若者たちが、バブル崩壊の影響をダイレクトに受けてしまった。

若者と貧困問題

新規高卒求人倍率は1992年をピークに下がり続け、1994年には「就職氷河期」という言葉が流行語大賞をとった。そして1995年には日経連（当時）が『新時代の「日本的経営」：挑戦すべき方向とその具体策』を発表して、非正規雇用の拡大など労働市場の流動化を促した。「格差問題」の元凶として、やり玉に挙げられることが多かった報告書だ。

また労働者派遣法も段階的に改正され、派遣が容認される産業領域が拡大していった。2002年には雇用者に占める非正規労働者の割合は3割にまで達する。1980年代まで2％台で推移していた完全失業率は同年にはほぼ倍の5・3％にまで上昇した。

日本政府も2003年より若年雇用問題に対して「若者自立・挑戦プラン」や「若

者の自立・挑戦のためのアクションプラン」という形で支援政策に着手し始めたが、2006年頃より急速に「若者の貧困」や「格差問題」は社会問題化していくことになる。

補足しておくと、雇用の流動化自体は良いことでも悪いことでもない。たとえば高福祉国家のイメージがある北欧は労働者の解雇が比較的容易だ。「デンマークほど労働者の首を切りやすい国はない」と社会党の党首が言うような国である（宮本 2009）。その分、北欧では国家による失業保険制度や職業訓練が充実している。

この労働市場のフレキシビリティ（柔軟性）と国家福祉によるセキュリティ（安全性）を組み合わせた仕組みは「フレキシキュリティー」として、日本でも注目を浴びている（＊1）。つまり福祉というセキュリティを整備せずに、フレキシビリティだけを高めた状態が今日本では問題になっているのである。

こうして見ると、「若者の貧困」がこの数年で突然起こった問題ではないことがわかる。1970年頃から起こっている世界の構造の変化が、1990年代以降ようやく日本で現れ出した。それが本格的に社会問題として認識されたのが2000年代だった。だから、映画『ALWAYS 三丁目の夕日』で描かれたような「近代の黄金時代」を単純に復活させるのは無理なのである。

1-2　希望は共同体

「希望は戦争」！

「若者の貧困」や「格差問題」を論じる時は、二つのレイヤーに分けると考えやすい。一つは経済的な問題、もう一つは承認の問題だ。「貧しさ」の問題と「寂しさ」の問題と言い換えてもいい（鈴木2008）。

人は経済的な豊かさだけで生きていける訳ではないし、承認だけで生きていける訳でもない。「貧困問題」や「格差問題」は、お金を再分配すれば済む話でもない。

ヨーロッパでは早くから「社会的排除」という概念が注目され、経済的な貧困だけではなく、個人や集団が社会的な交流から排除されることを問題としてきた（たとえばEuropean Commission 1992）。この本の関心も「貧しさ」よりも、「寂しさ」の問題にある。

「格差問題」が経済的な問題だけには還元されないことを象徴するエッセイがある。当時フリーターだった赤木智弘（2007）の書いた「希望は戦争」である。なにせタイトルがすごい。２００７年に発表されて、学者たちを騒然とさせた。僕のまわりにいた東大の研究者たちも「議論するに足りない」とこのエッセイをバカにしながら、気になって仕方がない風だった。

31歳、月収10万円で親元に暮らす赤木は、ポストバブル世代として経済的な窮状を訴え、既得権益を所有する先行世代への不満をストレートに述べる。そして格差の是正には戦争による社会の流動化を望まざるを得ないと結論している。赤木の論文に対しては「左派」の知識人から多くの返答が寄せられたが、両者の議論はかみ合うことがなかった。

それはダイエット法にも詳しい政治学者の萱野《かやの》稔人《としひと》（２００７）が指摘したように、赤木のエッセイは「戦争」という言葉を借りた承認格差に対する異議申し立てに過ぎなかったからだろう。赤木の文章を読むと、彼自身が求めているのが「社会の流動化」や「戦争」ではなくて、「結婚して家庭を持つ」や「安定した職業に就く」「家を買う」といった身近な問題であることがわかる。彼の文章からは「誰かに認められたい」という思いがひしひしと伝わってくる。

赤木の叫びは１９９０年代後半から続く「ナショナリズムブーム」とも関係する。「日本が好き」とか「日本の伝統は素晴らしい」とか、声高に叫ぶあれだ。バンド活動に熱心な社会学者の小熊英二は、ナショナリズムが「癒《いや》し」としての機能を持っていることを指摘している。90年代において従来の共同体が機能を喪失していく中で、浮遊する「普通の市民」が「ある種の不安と空虚さを抱えながら、いわば束《つか》の間の開放感と安定感を求めて、『歴史』という居場所」『日本』という居場所」に群れつどう」(小熊・上野 2003：8～9)というのだ。

ナショナリズムはお金にはならない。いくら「日本を愛している」と叫んでも、日本政府がお金をくれる訳ではない。それでも人びとがナショナリズムに走るのは、「癒し」を求めて、つまり承認の欠如を「日本」という居場所によって埋め合わせようとしているからだ。

なるほど、小熊説に従えば「希望は戦争」という物言いやナショナリズムは、二次的な問題ということになる。より根源的な問題は、「会社」や「家族」といった従来の共同体の崩壊による承認の供給源の不在なのだ。

で、どうしたらいいの？

この流動的な社会の中で、若者たちは労働市場の隅に追いやられ、さらに承認の調達もますます難しくなっている。一体、どうしたらいいのだろうか。

複数の論者が処方箋として提案しているのが「共同体」や「コミュニティ」の可能性だ（以下、「共同体」と「コミュニティ」は同じ意味で使う）。もちろん「天皇中心の国家を再興する」とか「家父長を中心とした美しき日本の家族をもう一度」とか、そういう時代錯誤な話ではない。

この流動的になってしまった社会で、昔のような共同体をただ復活させてもゾンビのようになってしまうだけだ。ここで言う共同体とは伝統社会における血縁や地域を根拠に成立する集団ではなく、「ますます不確実さをましていく世界」の中で「安全性と帰属を与える根源」として再発見されたコミュニティ（Delanty 2003=2006）のことである。

日本でも人気だったドイツの社会哲学者アクセル・ホネットは、あるインタビューの中で、流動的な後期近代において持続的な承認を得るための方法として、承認の欠如を埋め合わせるリスペクト・カウンターカルチャー（尊敬の対抗文化）の可能性を提示している（Petersen and Willig 2002）。彼によれば、現代社会は社会的承認の安定した供給がますます難しくなっている。だが一方でこの状況は、社会的承認の欠如を補償するためのリスペクト・カウンターカルチャーを創造する機会が人びとに開かれていることを意味する。

ホネットが例として挙げるのはスキンヘッドカルチャーだ。若者は生活の中で感じてきた軽視や、労働市場から完全に排除されることによって生じた屈辱《くつじょく》を、サブカルチャーによって埋め合わせようとしている。つまり社会の断片化には、様々なカルチャー集団の出現と、集団固有のリスペクトのボキャブラリーを生み出しているという側面もあるのだ。社会の統合的プロセスから切り離された集団内で、人びとはある種の社会的尊重を得ることができるようになっているとホネットは考察する。

希望は共同体

日本でも同じような議論がある。若者研究で有名な社会学者の中西新太郎（2004）は、自尊感情の拠《よ》り所としてサブカルチャーが与える承認の可能性を模索している。たとえばコミックマーケットやインディーズバンドなどの「小さな社会」が、カルト的で閉鎖的になる危険性もあるとしながらも、若者たちの拠り所になると提言している。さらに、近年の論考では、若者への共同性の確保が、対抗運動の前提条件として必要なことを示唆する。組織的な労働運動や社会運動の成立には、若者が社会的に孤立しないことが重要だからだ（中西　2009）。

居酒屋ではいつもホッピーを注文する教育社会学者の広田照幸（2003、2008）も、サブカルチャーが、個人主義的な競争文化に没入できない若者たちにとって「仮のアイデンティティ」を提供し、フォーマルな学校生活で傷つけられた自尊心を修復させる機能を持つと指摘している。

派遣村でお馴染《なじ》みの湯浅誠と気鋭の社会学者・仁平《にへい》典宏は、若者の貧困をテーマとした論文の中で、所得保障と共に「市場とは異なる、相互承認を生み出しうる社会関係（ワーカーズコレクティブや自助グループを含んだ多様なネットワーク）」（湯浅・仁平　2007：356）の豊穣《ほうじょう》が長期的には必要だという見通しを述べる。彼らによれば「意欲の貧困」状態にある人たちは自己の承認からも疎外されている状況にあり、個人に帰属できない関係性や共同性が必要だという。

いつも後書きが秀逸な社会学者の樫村愛子（2007）は、不安定な社会における存在論的な足場として「恒常性」が不可欠であるとして、「文化」による共同性を媒介として社会を構成するべきだとする。現在の新自由主義が貧しい形式合理性やマクドナルド化をもたらすものでしかないことを樫村は指摘し、経済的・社会厚生的な観点からのみではなく、人間の精神の安定や成長のための「恒常性」を擁護する。樫村の文章は新書においても難解だが、要するに何らかの「足場」が必要だと言っているのだろう。

若者のお悩み相談まで引き受ける社会学者の鈴木謙介（２００８）は、樫村の議論を受ける形で、自己決定と自己責任が強調される新自由主義社会の外部に、「そのままで認めあえる関係」による「存在論的安心」を確保する「承認の共同体」の重要性を主張する。

市場が若者たちに成熟と自己啓発、能力開発を要求する一方で、「承認の共同体」の与える自己肯定感は、「外の世界に浸食されない、ありのままでいられる力」や「人間らしさ」を維持させてくれる。そして「生存がそのままで承認される共同体」を「癒しのシェルター」として機能させ、再び市場での競争へ挑戦せよと言うのである（＊２）。

さらに、鈴木はニコニコ動画などの例を挙げ、「承認の共同体」が「市場の力を食い破るような可能性を有し始めている」と指摘する。

共同体ってそんなにいいもの？

複数の論者が、社会的な承認を得ることが難しくなっているという認識と、それをサブカルチャー集団や、社会関係などある種の「コミュニティ」や「居場所」によって埋め合わせようとする発想を共有していることがわかった。本書ではこの一連の概念を、鈴木の言葉を借りて「承認の共同体」という言葉で総称する。

彼らの議論は、一見もっともである。旧来の共同体がなくなる流動的な社会の中で、若者は承認を求めてさまよっている。そんな彼らに新しい「承認の共同体」を提供しようというのだから。結構なことじゃないか。

だが共同体とはそんなに良いものなのだろうか？　時には論者自身が認識しているように、コミュニティによって若者を包摂《ほうせつ》するという議論にはいくつかの限界がある。たとえば共同体が閉鎖的になってしまう危険性。コミュニティは定義上「私たち」と「彼ら」を分かつものであり、「私たち」のアイデンティティを強化するために「彼ら」を拒絶、または有害なものと位置づけてしまう危険性を常にはらんでいる（Young 2007=2008）。その最悪の事例がオウム真理教だろう。

また、共同体が若者たちに承認を提供してくれたとしても、それは経済的な不公平を隠蔽《いんぺい》してしまうことになるかも知れない。たとえば社会哲学者の佐々木隆治（2009）は日本における「若者論」を題材に、個人的な実存の問題や承認を論じることによって、経済的な再分配問題への考察が放棄されてしまうことの危険性を指摘する。

というか激怒している。承認とか実存とか言うだけではなく、労働環境の整備とか賃金格差とかをどうにかしろと言うのだ。

さらに、ホネットや中西が期待するように本当に「承認の共同体」が政治運動に発展するのかという問題がある。ホネットは社会的闘争を、諸個人がアイデンティティ形成を侵害されることによる被害感情から集合的な反抗へと至るプロセスとして記述している（Honneth 1992=2003）。スキンヘッドカルチャーに肯定的な評価を見せていることからもわかるように、彼は承認の欠如が政治運動に発展する可能性を捨てるべきではないと考える。

共同体にできること、できないこと

実際に「承認の共同体」には何ができて、何ができないのだろうか。それを実際に調べてきたのが本書である。すると、アクセル・ホネットが期待するように共同体が社会を変える可能性どころか、全く逆の現象を見つけてしまった。それが本書の主題の一つである若者を「あきらめさせる」ことと関係してくる。

推理小説ではないので先に結末を明かしておくと、「共同性」が「目的性」を「冷却」

させてしまうのではないかというのが本書の仮説である。つまり、集団としてある目的のために頑張っているように見える人びとも、次第にそこが居場所化してしまい、当初の目的をあきらめてしまうのではないか、ということだ。

そんなことは当たり前じゃないかと思うかも知れない。たとえば演劇サークルを例に出すと、「演劇界に革命を起こす」と高い志を持って集まったはずのメンバーが、次第にそのコミュニティの居心地が良くなってしまって、当初の目的を忘れてしまうというのはよく聞きそうな話だ。しかし重要なのは、ピースボートのような船上で100日間を超える期間を空間的に共有し、「世界平和」など社会変革を志向する「古典的」に見える共同体にも、同じような現象が起こっていたということだ。

言葉の整理

ここで、本書によく出てくる「共同性」「目的性」「あきらめ」という言葉について説明しておく。興味がない人は読み飛ばして欲しい。そのままの意味である。

「共同性」と「目的性」というのは、この本の議論を整理するために用意した二つの軸だ。ここでもホネット（Honneth 2000=2005）を参考にしている。彼は様々な共

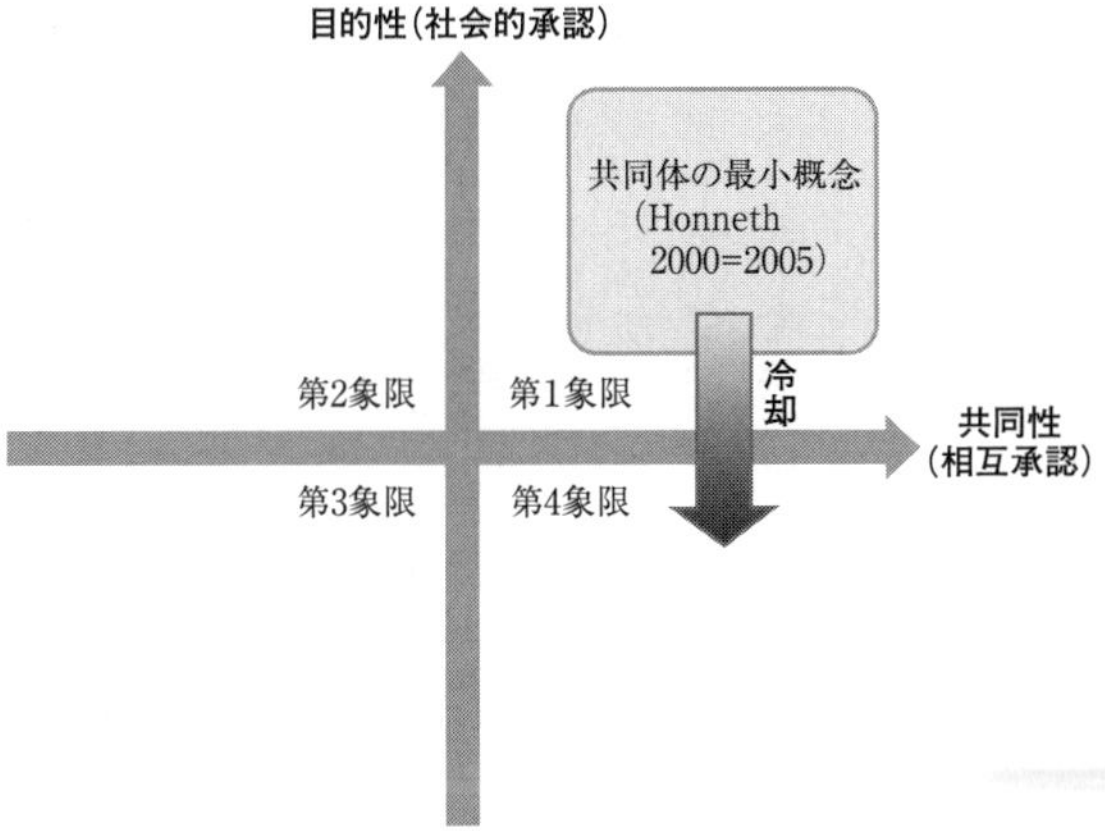

図1−2　共同体の二元図式

同体理解を整理しながら、「共同体」には二つの前提があることを示した。

一つ目は共同体に所属している人が相互評価の関係にある連帯関係にあること、二つ目はその集団内で何かの価値が共有されていることである。そのままだと使いづらいので、それぞれを「共同性」と「目的性」という二つの軸に読み替えることにする。

要するに「共同性」とは「一緒にいる」とか「共同体の雰囲気に馴染んでいる」状態、「目的性」とは「何か特別の理念や政治的関心がある」程度の意味だと思ってもらえばいい。社会的承認を自分以外の他者からの承認、相互承認を自分の所属する集団からの承認と理解すれば、「目的性」の達成は社会的承認の獲得を意味し、「共同性」の達成は相互承認の獲得だと考えることができる。

この二軸を組み合わせると、**図1-2**のような4つの象限ができる。たとえば第1象限がホネットのいう「共同体」にあたることが想定される。「あきらめ」というのは第6章で詳しく説明するように、「冷却」(Goffman 1952)や「社会的老化」(Bourdieu 1979=1990)という超有名社会学者の概念と同じような意味で使っている。**図1-2**で言うと、「目的性」が「ある」状態から「ない」状態への下向きの矢印に相当する。

「目的」が何かによって「あきらめ」の内容は違ってしまうが、本書が想定しているのはかつてメリトクラシーが果たしていたような「将来の夢」や「社会的地位上昇」のあきらめ、自分とは何者だろうと思い悩む「自分探し」のあきらめ、政治運動が目的とする社会変革の可能性のあきらめである。

1-3　旅する共同体に集う若者たち

「旅」が「出口」に見える社会

この本が「承認の共同体」の事例として扱うのは「旅する共同体に集う若者たち」である。なぜ「旅」か。それは「旅」というものが、現代社会を覆《おお》う閉塞感に何らかの「出口」を与えるように見えてしまうからである。

伝説の社会学者・見田宗介（２００８）は、現代をリアリティに飢える「バーチャルな時代」と表現した。彼がその「出口」として注目しているのが「現地の人の役に立つような活動」を提供する「観光ツアー」に、多くの若者が参加しているという事実である。

２００９年に発表された第140回芥川賞の受賞作『ポトスライムの舟』（津村２００９）もまた「旅」をテーマにした小説であった。「派遣文学」と呼ばれる同作は、29歳大卒の女性が13万８０００円の手取りで働く工場で「世界一周クルージング」のポスターを見るところからストーリーが始まる。ＮＧＯが主催するそのツアーの費用総額163万円。これは、主人公の年収とほぼ同額である。

生活費ぎりぎりで働く彼女は、なぜか世界一周を夢見てしまう。やるせない希望が終始漂うその小説で、結局主人公は世界一周をすることなく、むしろその夢は叶《かな》いそうもないという予感と共に話は終わる。

しかし、現実の世界では違う。小説に登場する「NGOが主催する世界一周クルーズ」のモデルは明らかに「ピースボート」であるが、ピースボートは毎年約3000人、若者だけでも1000人以上を継続的に動員している。

研究対象はピースボート

本書では『ポトスライムの舟』の主人公が乗り損なったピースボートを通して、コミュニティというものを考えてみたい。ピースボートとは要するに「みんなで行く世界一周クルーズ」だ。半数近い乗船者が若者というのもピースボートの特徴である。

ピースボートのことを知らないという人も、商店街や飲食店で「世界一周、99万円」というポスターを見かけたことはないだろうか。注意して見ると、意外と多くの街にピースボートのポスターは貼られている。この本を読んでいるあなたの背後にあってもおかしくはない。

なぜ、「共同体」や「あきらめ」の問題を扱うのにピースボートなのか。それはまず、ピースボートが日本のある縮図になっていると考えるからだ。ピースボートを通して見えてくるのは、「コミュニティ」や「居場所」の問題はもちろん、若者の問題、世代間対立の問題、組織の問題、自分探しの問題と様々だ。一応、本書は「共同体」や「あきらめ」をテーマにしたものではあるが、様々な読み方が可能だと思う。

そして、一定期間を通してある集団を観察し続けることができるからだ。ワタナベエンターテインメント所属のマーケター・原田曜平（2010）は、7年をかけて1000人以上の若者から話を聞いて「今の若者のリアルな姿」を描いたと自慢しているが、こっちは100日以上も300人以上の若者と24時間一緒にいた（同じ船の中にいるのだから当たり前だけど）。さらに、50人程度の若者とは帰国後も定期的に連絡を取ったり、インタビューを続けている。

と、数字で張り合っていても仕方ない。まあ、一度だけ調査対象者に会って、2時間くらい話を聞いただけで「調査しました」みたいな研究が多い中、長期間にわたって若者を観察した本書には少なくとも一次資料（現場報告）としての価値はあると思う。

ただし、原田が様々な社会的地位や階層の若者の調査を通して、そこにある共通項を見いだそうとしているのに対して、本書は日本社会に「閉塞感」を覚えて「自分探し」をしてしまうような希望難民の若者を興味の対象としている。なので、自分を探す暇もなくハーバードへ留学したりする学歴エリートや、生活保護を受けざるを得ないような絶対的貧困層については扱うことができなかった。

具体的に本書は、筆者の乗船した「クリッパー・パシフィック号でゆく第62回ピースボート 地球一周の船旅」(以下「62回クルーズ」という)クルーズ中に調査した情報をもとに構成されている。同クルーズは、2008年の5月14日に横浜を出航し、世界22寄港地を経由し、2008年9月4日に横浜に帰港した。ピースボートスタッフを含めた乗客数は964名、12歳から99歳までの主に日本国籍の人が乗船している。スタッフを除いた乗客数は約900人、そのうち20代までが約4割、30代と40代、50代をあわせて2割、60代以上が約4割という人数構成となっている。本書ではその中で、20代を中心とした若年層に注目した調査を行う。

この本は、日常に閉塞感を抱える若者がピースボートの提供する世界一周クルーズにその「出口」を見出し(第4章)、海上で「世界平和」という夢に向かって盛り上がるものの(第5章)、帰国後は「世界平和」をあきらめ、友だちと楽しく暮らせるようになる(第6章)までの物語である。その準備として第2章では旅と若者の歴史を振り返り、第3章では「あきらめの舞台」となるピースボートについて説明する。

調査方法

調査と言っても僕も一パッセンジャーとしてピースボートに乗船しただけで、何も白衣を着て試験管を片手に船内を徘徊《はいかい》していた訳ではない（そもそも文系の調査者に試験管は必要ない）。ただ乗船者として普通にピースボートを楽しみながら、同時にその状況を観察もしていたという話である。すごく嫌な客に見えるかも知れないが、スタッフも同世代の若者たちも普通に受け入れてくれた（と思う）。乗船中は毎日フィールドノートによる記録を行い、適時インタビューを行った。また必要に応じて、ボイスレコーダーやビデオカメラを使った記録を行っている（＊3）。

そして、フィールドワークに加えて、2回の質問紙による調査を行った。個別に調査対象者へ質問紙を配布し、その場でアンケートを書き込んでもらうという形式を採用した。1度目の調査は6月の上旬に行い、2度目の調査は8月中旬以降に行った。

サンプル数は前期調査では、157名（うち、50代以上が37名）、後期調査では124名（全て30代以下）である。本文中に時々出てくる「(N＝120)」という表記は、有効回答者の数だ。前期調査との比較を行うために職業観、自己意識、愛国心に関しては前期調査と同じ項目を用いている。職業や年収、クルーズに使用したお金などの基本情報は前期調査でのみ聞いた。

また、一部の質問では既存の意識調査と同じ項目を設けてある。自己意識・社会意識については青少年研究会調査（浅野編 2006）、ナショナリズムに関しては内閣府（2008）「社会意識に関する世論調査」を参考にしている。

まあ、能書きはこれくらいにして詳しくは次章以降を見てもらいたい。ピースボート、そこは僕の想像の斜め上を超えるような世界だった。

第2章

旅の終焉と新しい団体旅行

ベトナム・ホイアンのマーケット

ピースボートの話に入る前に（研究者の本は前置きが長い）、この章ではまず若者と旅の歴史を見ていきたい。かつて若者にとって旅が、大人になるための通過儀礼として機能していた時期があった。いわゆる「自分探しの旅」だ。

しかし、今や情報技術の発達などによって「旅」というもの自体が成立しにくくなっている。そんな中で注目を浴びている旅行形態がある。「新・団体旅行」だ。この章では、若者と旅の歴史を振り返りながら、ピースボートがいかに現代的な問題を内包しているのかを確認していきたい。

2-1　若者、旅、「現代的不幸」

若者の旅は中世ヨーロッパまで遡る

「若者と旅」。何だかロマンを感じる組み合わせだ。「若者と旅」の歴史を振り返ると、イギリスで近代初期に流行した欧州大陸旅行（グランドツアー）やヨーロッパ中世に貧困層の若者が職探しのために行っていた放浪旅行まで遡《さかのぼ》ることができる。

グランドツアーとは、貴族の子弟が社交習慣や文化・芸術の素養を身につけるために行った、2年から3年間にわたるヨーロッパ周遊の旅のことだ。中世以来ヨーロッパでは「通過儀礼」として、様々な階層の若者が長期の放浪旅行に参加していた(Cohen 2003)。

だが現代に連なる現象として「旅」を考察するとき、それはマスツーリズムの成立から考えるとわかりやすい。マスツーリズム、いわゆる団体旅行のことである。その起源は1841年にトーマス・クックが始めた鉄道旅行だと言われている。熱烈な禁酒運動家だった彼は、労働者のために「健全な」娯楽を提供しようとしたのである。

その後も日中に仕事を抜け出せない労働者のための「月光旅行」や、ヨーロッパ周遊旅行パックの開発などを精力的に行い、現在の団体旅行ビジネスの基礎を築いた。

このマスツーリズムが文字通り、大衆(マス)に本格的に受容されるのは第二次世界大戦後である。鉄道網や高速道路の整備、定期航空便の就航、大型ホテルや旅館の増加というインフラの整備に加えて、多くの人が観光旅行に参加できる条件を整えようというソーシャルツーリズムの動きが、マスツーリズムを促進させた。

そう、「旅」の分野でも戦争後はまさに「近代の黄金時代」だったのである。しかし、このマスツーリズムでは満足できない人たちが登場する。若者だ。

マスツーリズムから抜け出す若者たち

日本の場合、マスツーリズムから抜け出す若者と言えば、まず「カニ族」だろう。彼らは日本におけるバックパッカーの起源とも言われている。1960年代後半に大きいリュックを背負って、貧乏旅行をした若者たちのことだ。リュックが横に広がりすぎて、列車の乗降の際に横歩きをしなければならなかったため「カニ族」と呼ばれたのだという。

彼らが目指したのは北海道だった。学生運動が盛り上がる中、学生たちの貧乏旅行が一種のブームになっていたのだ。当時、車やオートバイを保有する若者が少ない中で、彼らは20日間まで有効な北海道均一周遊乗車券を用いての国鉄（現JR）や、ヒッチハイクを主な移動手段とした。

1964年には観光目的の海外旅行自由化が実施されたとは言え、一ドルが360円の時代で、海外旅行はまだ一部の特権階級や富裕層のみに許されたものだった。1961年に発刊された小田実の『何でも見てやろう』は、若者による海外貧乏旅行の先鞭《せんべん》をつけたエッセイではあったが、東京大学出身のフルブライトの留学生による世界漫遊記は、まだ多くの若者にとっては夢物語に過ぎなかった（斎藤２００１）。

同じ頃、女の子の間でも旅ブームが起こる。１９７０年、大阪万博後の旅客需要の掘り起こしのため、電通と国鉄が「ディスカバー・ジャパン」というキャンペーンを始め、ポスターやマスメディアを使い大々的な宣伝を打った。「ディスカバー・ジャパン」が主なターゲットとしたのは20代、30代の若い女性たちである。

電通のプロジェクトリーダーだった藤岡和賀夫（１９８７）によると、このキャンペーンの成功に寄与したのは、当時発刊された雑誌『ａｎａｎ』や『ｎｏｎ－ｎｏ』のパワーであったという。１９７２年以降、両誌は相次いで旅特集を組み、それをガイドブック代わりにした女性たちが日本全国に現れた。「アンノン族」である。１９８０年頃まで『ａｎａｎ』や『ｎｏｎ－ｎｏ』は京都や鎌倉など国内の「古都」的な観光地の特集を年に何度も掲載し、好評を博した（難波２００７）。

「ディスカバー・ジャパン」は、そのコンセプトが画期的だった。「日本を発見し、自分自身を発見する」「ディスカバー・マイセルフ」。観光地そのものよりも、そこで自分が何を感じるかの方が大事だというのだ。電通の藤岡は「近代」が曲がり角に差し掛かり、「もの」よりも「思い出」が重要視される時代になることを見抜いていたのである。

「現代的不幸」と『いちご白書』をもう一度」

「カニ族」と「アンノン族」は「自分探しの旅」の源流である。男の子たちは北海道で貧乏旅行をする中で「生きている実感」を求めたのだろうし、女の子たちは京都や鎌倉など日本の古都を通して、「自分自身」を見つけようとした。

「カニ族」と「アンノン族」が1960年代後半〜1970年頃に現れたのは偶然ではない。それは第1章で確認したように、その頃世界的に「近代」という時代がまさに曲がり角にあったからだ。キャンパスではよく学生に間違われる社会学者の小熊英二(2009)に『1968』という大著がある。枕元に置くと地震の時に危険なくらい重い。しかも『ワンピース』が単行本で30冊買えるくらい高い。

小熊は1968年を中心とする学生運動を分析する中で、「若者たちの叛乱《はんらん》」の原因の一つを「現代的不幸」に求めた。当時、日本は高度経済成長の最盛期であり、貧困問題も解決されつつあった。なぜそのような時代に多くの若者たちがマルクス主義を掲げて社会運動に走ったのか。

小熊曰く、それは戦争や貧困、飢餓といった「近代的不幸」とは異なる「現代的不幸」に、若者たちが直面していたからであるという。「現代的不幸」とは、高度成長と大量消費文化の浸透の中で若者たちが抱かざるを得なかった「閉塞感」「空虚感」「リアリティの欠如」といった「生きづらさ」のことである。

「近代」から「現代」の過渡期にあって、「自分とは何だ」というアイデンティティ・クライシスに初めて集団的に見舞われたのが1960年代末の若者たちであった。だが彼らは自分たちが何を求めているのか言葉にすることはできなかった。そこで若者たちは自己のアイデンティティの確立を求めて「反抗」を開始した、というのが小熊の分析である。

若者が「カニ族」と「アンノン族」として旅に出た理由もまさに「現代的不幸」によるものだろう。両者の親和性を示すように、「カニ族」はヒッピームーブメントと同じく既存の社会構造や消費社会への反抗であり、「アンノン族」は男性中心主義社会への対抗文化という側面があった（難波　2007）。体制に反抗しながら、彼らは「自分」を探したのである。

しかし注意したいのは、当時の日本がまだ経済成長を続けていたという事実である。学生運動をテーマにしたバンバンの「『いちご白書』をもう一度」（1975年）で歌われているように、「無精ヒゲと髪をのばして」「学生集会へも時々出かけた」「僕」も、結局は「就職が決って髪を切って」「もう若くないさ」と企業戦士の一員となるのである。同じように、「カニ族」と「アンノン族」も「自分探しの旅」を終えた後は、企業に入り「もう若くないさ」と大人になったのだろう。

青年はアジアを目指す

1980年代頃から、海外旅行は急速に若者たちにも身近なものになっていた。1980年には秀インターナショナル（現HIS）などが旅行代理店業務を開始し、往復10万円未満でロサンゼルスやバンコクなどへ行ける格安旅行券が登場した。

特に1985年のプラザ合意以後は円高が進み、若者たちも経済的に海外へ行ける土壌が整った。こうして「カニ族」の末裔《まつえい》たちは海外を目指した。バックパッカーの聖地として知られているバンコクを訪れる日本人が増えたのもこの頃である（新井2000）。

HISや生協の提供する若者向けの旅行プランの充実もその流れを加速させた。さらに、1980年代半ばには、旅行の個人化に対応したガイドブックの発刊が相次いでいる。現在はどんな旅行にも対応できるガイドブックになった『地球の歩き方』も、創刊当時はバックパッカー向けの書物であった。また、1986年にはのちにアジアを目指す若者のバイブルとなる、沢木耕太郎による『深夜特急』（新潮社）が出版されている。

約10年後の1996年、再び世の中にバックパッカーブームが起こる。日本テレビ系「進め！電波少年」で放送された、猿岩石によるユーラシア大陸をヒッチハイクで横断するという企画の影響だ。空腹に耐えながらアルバイトをし、ヒッチハイクを繰り返しながらヨーロッパを目指す2人の「貧乏旅行」は社会現象にさえなった。

時期を同じくして、1995年には小林紀晴の『アジアン・ジャパニーズ』（情報センター出版局）が出版されている。アジア各国に滞在し、自分と同世代の放浪する若者と語り合うという内容だ。

毒舌書評家の斎藤美奈子（2001）が指摘するように、沢木耕太郎の『深夜特急』と『アジアン・ジャパニーズ』にはある断絶がある。異文化体験を中心に描かれ、青春の悩みはスパイスに過ぎない『深夜特急』に対して、『アジアン・ジャパニーズ』では、旅の動機、旅をする理由を問うこと自体が旅の目的となってしまっているのだ。それは旅行記というよりも「自分探し」エッセイだ。一番の関心事は「自分らしさ」を失った「日本社会で生きる自分たち若者」であり、そこで「海外」はただの背景として受容されているに過ぎないのである。

バブルが崩壊し、これから日本はどこへ向かうのかもわからない。それでも1995年頃まで日本社会は雰囲気の上ではどこかお祭りモードが続いていた。「バブルの象徴」として語られるジュリアナ東京が閉店したのが1994年、小室哲哉の刹那的なダンスミュージックが大流行したのが1994年から1996年にかけてである。先行きのわからない空騒ぎ。そんな「閉塞感」を背景に、若者たちは「自分らしさ」を探して旅を続けた。

「消費化」される女の子

一方で「アンノン族」ブームは1970年代後半に終息していた。「ディスカバー・マイセルフ」として始まったはずの「自分探しの旅」は、次第に画一化した「おしきせ」の旅になってしまったのである。「アンノン族」というのは、「だれもかれもモンペルックで、かかえているのはファッション雑誌(*4)」という画一的な姿の代名詞になっていた。

ただし、「アンノン族」の消滅は、彼女たちが旅から離れてしまったことを意味しない。それはバブルを前にした未曽有《みぞう》の好景気による消費文化の中で、もはや「アンノン族」という固有の名称で呼ぶことができないほどに、若い女性の旅が多様化したことを意味する。

「アンノン族」と入れ替わるように台頭するのが、若い女性たちの間での海外旅行ブームだ。海外旅行者数は1972年に100万人だったのが、1986年には500万人、1990年には1000万人を超えているが、特に20代の若い女性が海外旅行ブームを支えていた。

たとえば1984年版の「観光白書」を見てみると、海外旅行客のうち男女ともに70％以上が20代から40代だが、女性に限ってみると半数にあたる61万人が20代であるという（＊5）。その後、1990年代の中頃まで、若い女性を中心とした海外旅行ブームは続くことになる。

1980年代は消費の時代、「アンノン族」だった女の子たちはこの「消費文化」の中に取り込まれていった。今の『anan』からは想像できないが、1970年代の旅特集号で『anan』は「これからはウーマン・リブで行こう！」と女性の一人旅を呼びかけ、「泊まるとこがないくらいでは死にはしない」「暗くなってきて、お腹すいて、今夜の宿もなく、その泣きたいような気持ちは、ガッチリ予定をたてた旅行では味わえない」とすごいことを言っていた（難波 2007）。

そういう反抗の1970年代を経て、女の子にとっての旅行とは「グルメ」や「ファッション」「ショッピング」など消費を楽しむものへ変わっていった。ちなみに、『ａｎａｎ』も1980年代にはファッションや恋愛、タレント特集など、僕たちの知っている『ａｎａｎ』に近づいていく。

「制度化」される男の子

では男の子たちの旅は？　バックパッカーと言えば、厳しい環境の中で異文化と交流し、自己鍛錬をするような旅を想像するかも知れない。そのような旅人も確かにいるだろうが、日本におけるバックパッキング・ツーリズムは、様々なインフラの整備という「制度化」と共に歴史を歩んできた（新井 2001）。

格安航空券を提供するHISや大学生協、『地球の歩き方』などの旅のモデルケースを提供する書籍など、バックパッカーは、もはや一から始める旅ではあり得ない。そもそも旅に出ようとする動機さえも、『深夜特急』や猿岩石への憧れによって調達されたものかも知れない。

しかも、彼らが向かう先は「汚いディズニーランド」とも言える場所だ。旅する社会学者の大野哲也（２００７）は、「商品化される『冒険』」という言葉を使って、バックパッカーのために用意された巧妙な観光システムを紹介している。

たとえばタイからラオスへの「秘境ルート」では、さながらジャングルクルーズのように密林の中を流れるメコン川下りが楽しめるという。途中で一泊しないといけないのだが、ゲストハウスの客引きが待ちかまえているので旅行者が路頭に迷うことはない。

さらに仕組みが洗練されているのがベトナムだ。バックパッカーに人気の街を結ぶバスのネットワークがあって、クーポンを買えば旅行者は移動場所や移動日を「自由」に組み合わせて移動することができる。バスはきちんとタイアップしているゲストハウスに横付けされるので、土地勘のない旅行者でも安心だ。もちろん、そのゲストハウスに泊まるかどうかは「自由」だが、たいていバスが着くのは夜だからなかなか他の宿を探そうとは思わない。

こうしたシステムは「自分探し」の旅をする外国人旅行者を計算し尽くした観光政策のもと構築されたという。本人は「自由」だと思っているけれど、結局は設計者の手の上で踊らされている感じがディズニーランドにそっくりだ。お気楽な冒険、お気楽な貧乏体験。

確かにパック旅行に比べれば自由度が高い旅だろう。だが、それはもはやバックパッカーたちが理想としたであろう「自由」で「独立した」旅ではあり得ない。「アンノン族」の女の子が海外パックツアーという消費文化の中に組み込まれていったように、一度はマスツーリズムから抜け出したはずの男の子の旅もまた「制度化」されていったのである。

2-2 旅の終わりと新・団体旅行

旅立たない若者たち

2007年頃から若者の「旅離れ」という話をよく聞くようになった。特に海外旅行においてその傾向が顕著だった。日本人全体の出国者数は増加しているにもかかわらず、20歳から29歳の若者に限ると、1996年の463万人をピークに出国者数は長期的な凋落傾向にあった。若者全体の数も減っているが、割合で見てみても、20代の出国率は1996年の24・6%をピークに、2008年には18・4%まで減少している。出国率はその後、再び上昇するのだが、本書が対象とする62回クルーズが出航した2

008年は、まさに若者が最も海外に行かなかった時期ということになる。

なぜ若者の海外旅行が減っていたのか？　様々な統計調査で示されているのは、現代の若者には「お金」と「時間」がないという身も蓋もない実態だ（＊6）。確かにお金も時間もないんじゃ海外旅行はできない。だがある調査（高井・中村・西村　2008）によると、海外に何となく行きたいが行かない「消極派」ほど、海外旅行に行かない理由を「お金」や「時間」といったわかりやすい項目に帰する傾向があるという。この指摘は重要だ。なぜならば、「お金」や「時間」というのは二次的な理由に過ぎず、むしろその背後に想定される別の因子が若者の旅離れを引き起こしていることを示唆しているからだ。

それは何か？　詳しく分析したら別の本が一冊必要になりそうだが、一つ仮説を立てられるとしたら「旅」というもの自体が消滅しかかっているのかも知れない。

かつて「海外旅行」というのはどこか特別なものだった。マンガ『ドラえもん』ではよくスネ夫が家族で海外旅行に行って来たことをのび太に自慢していたが、格安ツアーのあふれる現代でただの海外旅行は珍しいことではない。

しかも海外に関する情報量は圧倒的に増えた。面白い映像があったら国に関係なくSNSで一気に広まる。『何でも見てやろう』の時代と違って、日本にはスターバックスもイケアもある。むしろ、日本にいて日本のモノだけで暮らしていく方が難しい。こんな時代を生きる若者にとっては海外と国内に大きな違いはなく、理由なく遠くへ行こうという憧れが減少するのは理解可能だ。

「新・団体旅行」の時代

若者の海外旅行離れが進む中で、注目されている旅行形態があった。原田曜平も崇拝するマーケター三浦展によると、若年層を中心に「新・団体旅行」とでも言うべき海外旅行パックの業績が好調であるという（三浦・上野 2007）。「新・団体旅行」とは、その名の通り、みんなで行く海外旅行のことだ。日本人同士で、日本語のまま、予期せぬ体験に出会うことなく、景色だけが海外、というツアーのことである。

ただ昔の団体旅行と違うのは「アンノン族」やバックパッカーが大切にした「私らしさ」や「自分探し」をないがしろにしていない点だ。むしろ、「みんなと一緒に行く自分らしい旅」を打ち出すことによって、本当の「自分探し」が陥る孤独を回避しながら、共同性の中でいわば「自分探しごっこ」を楽しむことができるのである。

次の節で扱うピースボートをはじめ、「新・団体旅行」は実は１９８０年代から徐々に登場し始めている。たとえば望月広保《ひろやす》（1992）は、NGO業界の主催する団体旅行ツアーが、旅行業界の新たなマーケットとして注目されていることを指摘している。「体験旅行」「交換旅行」「エクスチェンジプログラム」という名目で、短期語学研修や、現地NGO訪問、開発協力ボランティア、民族革命勢力との交流など様々なプログラムが増えてきているという。

旅行会社も「新・団体旅行」時代にあわせたプランを発表している。たとえばHISではアジアでボランティアを体験できるツアーを充実させていた。タイなどで現地の子どもたちと交流したり、小学校の修繕に参加したりできるのだという。2008年春には前年比3倍の申し込みがあり、そのうち7割は初めて海外へ行く人だった（「旅行会社 海外に若者誘う」『日本経済新聞』2008年5月7日夕刊）。

あの「地球の歩き方」も2008年に『一週間からできる海外ボランティアの旅』を発行している。同書によると、「短期間で、初心者でも取り組みやすい内容なのに、出会いや感動、成長など得られるものが多い」と、学生を中心に口コミで広まり、現在では年間数千名もの人がこの海外ボランティアに参加しているという。

しかも同書が提案するのは「活動の手配に加え、航空券や宿泊、現地ガイドの手配などすべてが用意されている、オールインワンのパッケージツアー」だ。ほとんどのツアーで日本語ガイドがついているといい、現地でも日本人の若者同士で行動するので言葉の心配もない。日本ではできない体験をすることにより、「みんな新しい自分を見つけて帰って」来るボランティアツアーは、まさに典型的な「新・団体旅行」と言えるだろう。

おひとりさまは旅をしない

「新・団体旅行」の一つ目の特徴は、ただ観光地に行って満足するような物見遊山《ものみゆさん》的な旅行ではないことだ。旅行会社パンフレットを見ると、「パキスタンでサイクリングツアー」や「マサイの戦士に会いに行くツアー」「ケニア自然保護ツアー」など「ひと味違う」個性派の旅行が多いことに気づく。

ただ海外というだけでは非日常にならない。「マサイ族」や「海外ボランティア」くらいの「何か」がないと、「旅」は憧れとして機能しにくくなっているのだ。スネ夫もただのハワイ旅行では自慢できないが、カンボジアで地雷撤去のボランティアをしたり、パレスチナの難民支援に行ったら、それはまだ「自慢」になるだろう（そんな社会派『ドラえもん』は見たくないけど）。

もう一つ指摘しておくべきなのは、「新・団体旅行」の特徴が、通俗的に理解されている「自分探し」であると当時に、「承認の共同体」へのコミットメントでもあるということだ。「新・団体旅行」の新しさは、一度マスツーリズムから抜け出したはずの「自分探し」をする若者たちが、再びマスツーリズムという「共同性」に回帰している点にある。この「共同性」は「若者の海外旅行離れ」の理由を解き明かす補助線にもなる。

リクルートが2009年に発表した『働く若者の国内旅行実態調査』によると、旅行実施回数を分ける大きな要因は恋人の有無だった。また、最近1年間に実施した旅行の同行者では、「友人と」(50・3%)、「恋人と」(41・1%)、「家族と」(38・1%)が上位を占めており、「ひとりで」と答えた人は24・7%に過ぎない。

また『週刊東洋経済』とgooリサーチが共同で行った旅行に関するアンケート調査でも、2008年に国内外問わず旅行をした20歳から24歳のうち、「一人で」と答えたのは男性22・7%、女性7・4%に過ぎなかった(『週刊東洋経済』2009年3月28日号)。若いおひとりさまは旅行に行かないのである。

これらの調査結果が示すのは「きっかけと仲間がいれば旅に行く」若者たちの姿だ。もはや海外と国内の差異が縮小している現代において、「どこに行く」かよりも「何をする」のか、そして「誰と行く」のかの方が重要になっているのだ。

つまり、「共同性」が付与され、もしくは担保されていれば若者たちは旅行に行くのであって、「島宇宙」ごと若者たちを海外へ送り込む「新・団体旅行」の戦略は、マーケティング的観点から見れば、至極《しごく》妥当なものであると言える。

高橋歩の時代

「旅人」として一部の若年層にカリスマ的人気を持っていた人物に、高橋歩がいる。彼が23歳の時に出版した自叙伝『毎日が冒険』(高橋 1995)では、テキサスでのカウボーイ修業から、サイババと出会ったというインド旅行など、彼の様々な破天荒《はてんこう》な旅と、それをポジティヴ・シンキングで乗り切る姿が描かれており、同書は「自分探し」をする若者にバイブル的な役割を果たしてきた(速水 2008)。

しかし、彼の旅のスタイルはかつての小田実や沢木耕太郎のそれとは大きく違う。高橋は、「ひとり旅が嫌いだ」と明言する。「どんなに素晴らしい景色を見ても、どんなに美味しいものを食べても、美味しいね、美味しいねって、一緒に言い合える人がいなけりゃ全然つまらない」というのである。同時に自分の旅を「どこに行こうと、ただ、日常が続いているだけ」（高橋２００７：251）と表現する。

高橋が２年近い世界一周新婚旅行の後、２００１年、沖縄に「カフェバー&海辺の宿」として「ビーチロックハウス」を開いたことが象徴的だ。そこは「出逢いの宝庫」であり、「新しい仲間や師匠や協力者がどんどん増えていった」。

そして高橋たちは沖縄に「自給自足のビレッジ」を作ろうとした（高橋２００８）。当初、池間島《いけまじま》に構想した「島プロジェクト」は周辺住民の強烈な反対に遭い、頓挫してしまうものの、２００６年に今帰仁村《なきじんそん》で「ビーチロックビレッジ」を開設、「自然へのリスペクト」「毎日が冒険！」「日本という島国へのＬＯＶＥ」などをテーマに掲げながら自給自足の総合宿泊施設をスタートさせた。旅を終えた高橋歩が目指したもの、それは自分たちだけの共同体の創出だったのである（＊７）。

「新・団体旅行」の特徴は、共同性への回帰にある。もはや家族、親族、隣人関係などに親密な関係が想定できなくなった現在において、新しい共同性が「旅」という関心のもとに立ち現れている。ただしその共同体が自然発生的に現れているのではないことには注意が必要だ。旅行会社、高橋歩らが用意した「島宇宙」によって、若者たちの旅の価値は担保されているのである。

もう、「本当の旅」はできない

日本語ガイドが付いて安心のボランティアツアーや、高橋歩的な誰かと一緒に行く旅。安全だけど、誰かに自慢できるくらい個性的な旅だ。それはアジアに向かうバックパッカーも同じことだった。まるでディズニーランドのような街で、冒険体験や貧乏体験を楽しんでいる。そう、見事なくらいに今や旅は「商品化」され、「制度化」されてしまった。

この現代の旅する若者の姿を見て怒る人がいるかも知れない。「こんなのは本当の旅じゃない」と。しかし、「こんなのは本当の旅ではない」という批判は、実は150年以上前から繰り返されてきた。マスツーリズムの創始者として紹介したイギリスのトーマス・クックが、鉄道旅行を始めた時の話である。彼のツアーによって観光が快適になってしまいエキゾティズムは失われ、かつて冒険であったはずのものが、ただの日常茶飯事に変わってしまったという批判が寄せられた。「こんなのは本当の旅ではない」と（Brendon 1991＝1995）。

ただ150年前と違うのは、より徹底的に「旅」というものが不可能になってしまった点だろう。今やどこにいても世界中の情報があふれ、また自分自身の情報も24時間追尾される可能性がある。

右手にｉＰｈｏｎｅ、左手にパスポートさえ持てば、日本国籍保有者は世界中のどこに行ってもあまり困らない。おすすめのお店の情報は、ＳＮＳで探せばいい。フロリダのディズニーワールドで急にタワー・オブ・テラーに乗ることになってしまっても、どれくらい怖いかは待ち時間の間にＧｏｏｇｌｅで調べればいい（実体験です）。こんな時代に「本当の冒険」や「本当の旅」は、ほとんど不可能だろう。

「自分探しの旅」の亡霊

「旅」の移り変わりを考える上で、日本社会の変化も重要だ。「カニ族」や「アンノン族」がいた１９７０年代にはまだ、多くの若者を迎えてくれる企業社会が日本に残っていた。「カニ族」たちは、北海道で「現代的不幸」に向き合った後は、ちゃっかり「髪を切って」企業戦士になっていった。

つまり旅は子どもから大人への通過点、通過儀礼としての役割を果たしていたとも言える。若者たちは旅を終え、色々な夢や希望をあきらめた。そして、企業社会の一員になるというレールを歩んでいったのである。

しかし、今やそのレール自体がなくなってしまった。「旅」をしても帰ってくる場所がない。企業社会への反抗に一人旅、なんていう甘いことをしている暇はない。日本でただ暮らすことが「生きづらい」のに、一人でバックパッカーとして旅する元気も余裕もない。

だが同時に『ポトスライムの舟』のように、「旅」はまだ現代を覆う閉塞感の出口に見えてしまう。ただし、普通のパックツアーでは満足できない。この時代で辛うじて「旅」らしさを与えてくれるのは、「世界一周の船旅」や「ボランティアツアー」だ。

バックパッカー・ツーリズムや「新・団体旅行」に共通するのは、まだ見ぬ自分の存在を信じて、海外やボランティアの先にある「はず」の、本当の自分を探す若者たちの姿である。

その意味で「新・団体旅行」は、「自分探しの旅」の亡霊とも言える。バックパッカーのように一人で貧困街に出かけるような面倒なことはしない。しかし同時に個性的でなくてはならないという強迫観念から自由でもない。そこで登場し、好評を博しているのが「新・団体旅行」なのだろう。その「新・団体旅行」の先駆例であり、典型例ということができるのが、本書の扱うピースボートだ。

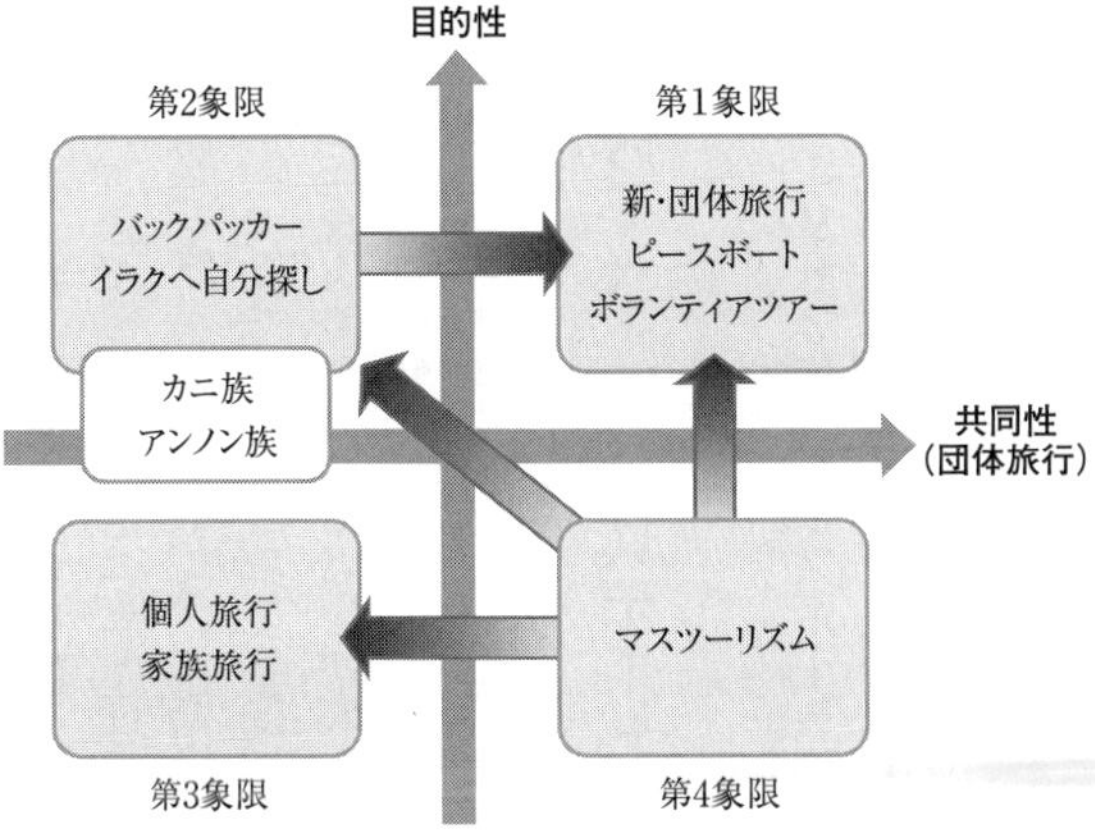

図2−1　ツーリズムの4類型

近代観光の4類型とピースボート

第1章でせっかく用意した「共同性」と「目的性」という軸を使って、近代観光の歴史を整理しておこう（**図2‐1**）。

まず、第二次世界大戦後に「みんなで行く旅」であるマスツーリズムが本格化する。特に目的があるというよりも、ただみんなで観光地に行くという物見遊山的な旅だ（第4象限、第3象限）。

1970年頃から旅の個人化が始まる。それがカニ族やアンノン族、バックパッカーたちだ。「共同性」から抜け出した「目的性」のある旅である。マスツーリズムのように、ただ観光地に行って満足するのではなく、彼らは自分を探すために旅に出かけた（第2象限）。

そして近年、若者の旅行形態として注目を浴びているのが、「みんなで行く自分探しの旅」とでも言うべき「新・団体旅行」である。それはバックパッカーのように特別な「目的性」を持ちながら、「共同性」へと再び回帰した旅の形でもある（第1象限）。

この図で見てみると、第1象限に位置するピースボートが、ホネットの言う共同体の最小概念とも一致することがわかる。「旅」という現代的な領域にありながら、「共同性」と「目的性」の重なる「共同体」であるピースボートは、「承認の共同体」について考える本書に相応《ふさわ》しい事例と言えると思う。

2-3 ピースボートの歴史

1983年、ピースボートはじまる

ピースボートは1983年に、当時、早稲田大学の学生であった辻元清美によって設立された。1985年にピースボートが編纂した『ピース・ボート出航！』によると、ピースボートプロジェクトのそもそものきっかけは、小田実らの企画した「日本海・アジア平和の船」という計画の頓挫だったという。

小田たちはソ連、北朝鮮、中国という当時の三大社会主義国を就航する日本海クルーズを企画し、商船三井との間で「にっぽん丸」のチャーター契約を進めていた。しかし、北朝鮮への渡航パスポートの取得には2カ月かかること、チャーター費用捻出《ねんしゅつ》の目処《めど》が立たなかったこと、さらには商船三井側も北朝鮮への渡航へ難色を示し始めたことで、「平和の船」構想は暗礁《あんしょう》に乗り上げていた。

この時「平和の船」事務局メンバーの一人で、商船三井との交渉にあたっていたのが辻元清美である。辻元は中学生時代に小田実の『何でも見てやろう』を読んでおり、早稲田大学に入学後、小田たちが開催した「韓国民主化支援緊急世界大会」（ASKOD）の事務局メンバーとして活動していたこともあった。

『ピース・ボート出航！』には「平和の船」若手事務局メンバーの以下のような会話が、ピースボート出航のきっかけとして紹介されている。

「三井商船のあの船、どうせ余ってるんや、みんなで船、出そか」
「行くんやったら、どこがええ」
「そやなあ。夏やから、南の方がええんとちがう」

「グアム、サイパンあたりはどや。海水浴はできるし、日本軍の戦争の跡はあるし」
「そう、私たちで戦争のあとをひとつひとつ見てまわって現地の若者たちと意見交換してみる船を出してみたら」(ピースボート85編 1985：104)

モニュメントを沈め、米軍基地に侵入する

こうして、強い政治性を持った団体出身の若者たちの「ノリ」によってピースボートはスタートした。顧問に小田実の知り合いである法政大学教授(当時)西田勝を迎え、参加者を募る作業も始まった。この時、現在の共同代表である吉岡達也も「参加者を10人集めたらタダになる」と声をかけられ、ピースボートに参画している。主催者の4人に加えて、事務局スタッフには29人が集まった。平均年齢は25歳。このスタッフには、ピースボートに関係する事務活動をした時間分だけ乗船賃が割り引かれるという特典があった。

ピースボート事業は、朝日新聞や毎日新聞などにも「シーレーンをたどる反戦平和の船」「反核の船」として好意的に取り上げられる。たとえば1983年7月14日の『朝

日新聞』（朝刊）では、「過去と未来の戦争をみつめ、現在の平和な日本を考え直すのがねらい」の「洋上平和大学」として、まだ準備中のピースボートがわざわざ電話番号付きで掲載されている。

9月2日に横浜港を出た「ピースボート83」は、父島、硫黄島、グアム、サイパン、テニアン島を巡る2週間の旅で、159名が参加した。定員を530人と募集していたようだが、思うように乗船者が集まらなかったのだろう。硫黄島とテニアン島の間で核廃棄物海洋投棄反対のモニュメントを海底へ沈めたり、グアムでは一部参加者が米軍アンダーソン基地へ侵入したり、かなり政治色の強い船旅であったようだ。船内では、戦争体験者の話を聞く集いや、「船まつり」など様々な企画が催された。

手塚治虫と運動会と原子力発電所巡り

翌年の「過去の戦争を見つめ未来の平和を創る船旅」と題された「ピースボート84」は石垣島、香港、南京（中国）を巡るクルーズで、394名の乗船者が集まった。主催者は14人、事務局スタッフは75人にまで増えた。石垣島では新空港反対派の住民との交流、香港では日本軍占領時代や公害問題について学習、南京では南京大虐殺の被害者の証言を聞くという「そのまま民族と文化を肌で感じ、自治と侵略を検証」（ピースボート85編 1985：9）するプログラムが設計された。

洋上大学の講師として本多勝一や手塚治虫も乗船している。また、船内では彼らのような講師によるレクチャーの他に、一般乗船者による自主企画なども多く開催された。さらに、船全体を巻き込んだ企画として「洋上大運動会」や「洋上仮装舞踏会」「ピースボート劇団」なども行われており、現在でも定番行事としてピースボートで行われているイベントがこの時点でほぼ出そろっていたことがわかる。

ピースボートはその後も、年一回のペースで参加者を600人程度にまで増やしながら、2〜3週間程度のショートクルーズを1987年まで行っている。1988年には「北クルーズ」と「南クルーズ」の2回、1989年には日本一周クルーズを含む計3回のクルーズを行った。1989年春のクルーズは、日本全国の原子力発電所を回りながら、「日本各地の春とおいしい食べ物も一緒に楽しむ」というコンセプトのもと実施された。同時に陸地でも、1986年には河口湖で「RONINサミット」という若者サミットを行い、「フェミニズム」や「予備校と学習の時間」といったテーマをもとにした討論会などを開催している。

ついに世界一周を実現

ピースボートにとって念願であった世界一周クルーズが、1990年に「クリーンでピースな地球をつくるガイアの船」として実施された。ギリシアのエピロティキ社と必死の値切り交渉を繰り返し、何とかクルーズの目処が立ったのだ。エピロティキ社の担当者が来日した際は、当時社会党の委員長だった土井たか子との会談をセッティングしたり、ギリシアでの交渉ではパレスチナ解放機構の幹部やアテネ大学総長に仲介を頼んだり、様々なルートを用いてチャーター料の値下げに全力を尽くしたという(ピースボート90編 1990)。

ギリシア発の「オシアノス号」によるクルーズで、バルセロナやモロッコを経由し、マイアミ、キューバ、アカプルコ、ホノルルなどを巡った後、一度広島と長崎に滞在し、中国やベトナムを経て再びギリシアに戻るという3カ月間にわたる世界一周の船旅だった。当時は豪華客船「飛鳥」の竣工前であり、日本語で可能な唯一の世界一周クルーズであった。

ちなみに「オシアノス号」は、クルーズ翌年の1991年8月3日、船体にあいた穴から海水が入り込み、沈没した。乗客は全員無事だったが、船長が真っ先に逃げたらしい。ピースボートクルーズの最中でなくて何よりである。

1991年からは再びショートクルーズを年に数回のペースで行い、1994年にはピースボートとして第16回目の航海となる「日本発地球一周の船旅」で再び地球一周クルーズを実施した。もともとは定員500名の商船三井客船の「新さくら丸」のみでの世界一周を企画していたが、応募者が殺到したためバハマ船籍の船を急遽《きゅうきょ》もう一隻チャーターした。問い合わせの数は7000件を超えたといい、当時の新聞には「不況ニッポン脱出願望？　ピースボート世界一周船の旅に応募殺到」（『朝日新聞』1994年2月10日夕刊）という見出しで大きく取り上げられている。1990年クルーズと違い、日本発着の世界一周であること、そして1989年の「クルーズ元年」以降のクルーズブームがこの年のピースボート人気の理由だと考えられる。

船が壊れ、乗船者が肉を運ぶ

その後はショートクルーズと並行して、1995年「夏休み地球一周の船旅」、1996年「地球一周の船旅」、1998年「ピースボート15周年地球一周の船旅」を実施、1999年には2回の世界一周クルーズを行い、2000年からは年に3回のペースで地球一周クルーズを行い、加えてショートクルーズを実施するという、現在と同じローテーションが確立された。それまでのように毎回チャーターする船を変えるのではなく、「オリビア号」というウクライナ船籍の船を2003年まで長期チャーターすることができたためだ。

ただし、2001年の第32回クルーズでは「オリビア号」の修理のため、ケニアのモンバサで20日間の長期滞在の末、代理船へ乗り換えが行われた。「乗客も共に肉を運んだ伝説のクルーズ」として、関係者の間では、伝説化して語られている。船内の調理用食材を乗客と共に新しい船へ運んだのである。これくらいの事件があれば、スネ夫も堂々と自慢できる。

2003年の第41回クルーズからは、「トパーズ号」という1955年造船のパナマ船籍の船が5年間の契約でチャーターされた。内部はさながら迷路のようで、古いが味のある船と乗船者たちにはなかなか好評だった。

そして2008年の第62回クルーズから、バハマ船籍の「クリッパー・パシフィック号」が5年間の予定でチャーターされた。この船のおかげでこの本は生まれたようなものである。何が起こったのかは第5章を見て欲しい。何とか62回クルーズは終えることができたものの、次の63回クルーズの途中で「モナリザ号」という船に乗り換えて、航海を続けることになった。伝説再来、また乗船者のボランティアを募って船の引っ越し作業が行われた。

２００９年４月出航の第66回クルーズからは、パナマ船籍の「オセアニック号」という船が新たにチャーターされた。アメリカで湾岸警備隊に整備不良を指摘され、寄港地が削られるなどのトラブルもあったが船は無事日本に帰国した。様々な苦難を乗り越え、２０２２年10月現在、ピースボートが行ってきたクルーズは100回を超え、世界一周だけで約50回に及ぶ。

第3章

ピースボートの秘密

中東に停泊中のピースボート

いよいよ「あきらめ」の舞台装置、ピースボートの話だ。第3章ではピースボートの「秘密」を明らかにしていこう。

ピースボートが世界一周をするクルーズであることは説明したが、普通の観光船とは違うことに薄々気づかれたかと思う。世間にも色々な噂が流布している。「何かの政治団体なの？」「世界平和とか関係あるの？」「ボランティアとかするって聞いたけど？」そんな質問にまとめて答えるのがこの章だ。「ピーセン」や「ボラスタ制度」などピースボートを支える仕組みを明らかにしながら、ピースボートの「秘密」に迫っていこう。なお基本的なデータは調査当時の情報に基づいている。

3-1　ピースボートは歴史を書き換える

ピースボートの政治性を消す旅

「ピースボートって何かの政治団体なの？」

僕がピースボートに乗ったことを話すと何回か聞かれた質問だ。政治団体の定義にもよるが、少なくとも創立当初は「政治団体だった」と言っていいと思う。だが今はどうかというとすごく答えづらい。その理由を、「政治性」という観点からピースボートの歴史を紐解《ひもと》くことで、見ていきたい。

1983年にたった159人の参加者を乗せた2週間のアジアクルーズから始まったピースボートは、現在では1000人規模の乗船者を抱えた世界一周クルーズを一年に3回実施するまでの事業体になった。この事業規模の拡大は、同時に政治的理念の実現という「目的性」＝「政治性」を漂白する歴史でもあった。

クルーズの名称を見ると、当初は「過去の戦争を見つめ未来の平和を創る船旅」「検証航海・アジアの原点──過去を忘れないために」とアジアにおける日本の戦争責任追及という血気盛んなものが多かった。

メディアによるピースボートの形容のされ方を見ても、「沈滞気味の反戦・国際連帯運動に新風を吹き込むものとして注目されている無党派の若者集団」「戦無派の中から出てきた戦争体験継承の試み」「平和を創る船旅を続けている無党派の青年集団」（＊8）と、既存の市民運動の枠に収まらない若者たちの反戦運動団体と定義されていた。ある政治的目的のために船を出す集団という図式は、まさにホネットの言う社会的闘争を意識した共同体概念と一致する。

政治性の消失とも言える現象が始まったのは１９９０年頃である。初めての世界一周クルーズ名は「クリーンでピースな地球をつくるガイアの船」。あれ、戦争の話はどこに行ってしまったのだろう。当時流行していた環境問題こそ想起されるが、過度なイデオロギーの発信を避けるネーミングである。

　またパンフレットには「ピースボートは非営利団体です。いかなる政治団体、宗教団体からも独立しています」と添えられている。クルーズの大きな目的も「地球の健康診断」と題されたプロジェクトだった。航海中に毎日海水を汲《く》み上げて汚染状況を調査したり、寄港地で買った食品の中の放射能を測定して、地球全体の汚染度を明らかにしようとした（ピースボート環境チーム　１９９２）。

　当時の新聞のインタビューに辻元清美は「ジョン・レノンが死んでちょうど10年になる12月８日には船上で記念コンサートを開こうとか、さまざまな構想が浮かんでいる」と答えている（『朝日新聞』１９９０年5月2日朝刊）。これまでのピースボートであれば、１９４１年の12月8日に起こった日本軍真珠湾攻撃に触れて「太平洋戦争開始49年・反戦のコンサート」と答えてもいいようなものだが、あえて12月８日にジョン・レノンを持ち出してくるところに作為的なものを感じないだろうか。

　また、部分的にクルーズに参加することも可能で、その場合の名称が「西欧満喫ニッポン着コース」「海のシルクロードコース」「ホノルルマラソンお帰りコース」など、すっかり普通の旅行会社と変わりのないものになっている。10年前に「過去の戦争を見つめ未来の平和を創る船旅」をしていた団体とは思えない。

ただの「世界平和」とただの「国際交流」

ピースボートはその後も「普通の客船」へと姿を変えていく。クルーズ名も「夏休み地球一周の船旅」「春風Ａｓｉａｎクルーズ」というように、戦争に関するキーワードがもはや前面に出されることはない。

メディアでの形容のされ方も、「船旅を通じて、世界中の人々との草の根の国際交流をめざす市民団体」「国際交流組織」「民間国際交流団体」「若者自身が大型客船をチャーターし、旅をしながら各国の人々と交流していくＮＧＯ」（＊9）と「世界平和」や「国際交流」などを指し示す曖昧《あいまい》なものになっていく。

さらに1998年以降は、クルーズ名もただの「地球一周の船旅」で統一される。現在のピースボートのパンフレットはあくまでも「世界一周の船旅」を宣伝したものであり、そこに政治性は感じられない。比較的メッセージ性の強いリーフレットでも、強調されているのは「地球市民」や「平和」という漠然とした言葉である。

NGOのピースボートが船を出す理由。国籍や年齢、民族のちがいや障害の有無にとらわれない、誰もが気軽に参加できる「場」をつくることにあります。世界中で起こった事件や、いま進行していること、そんなことを「知る」ことのできる場。彩り豊かな背景のなかに暮らし、それぞれが抱えている問題に対峙《たいじ》する人たちと「出会う」ことのできる場。そして、ともに「行動する」ための場。これらの「場」を具体的に提案していくのが、ピースボートの役割なのです。（ピースボートリーフレット「地球で遊ぶ。地球に遊ぶ」）

「地球」や「世界」という言葉への過度なこだわりは、逆に政治色を感じさせないでもないが、「地球」における「場」の提供という極めて曖昧なイメージによって現在のピースボートは演出されている。近年ではNGO団体としてのピースボートはコーディネートに徹し、旅行企画・実施は株式会社ジャパングレイスという運営形態を採用している。ジャパングレイスは、もともとピースボートと無関係の会社であったが、1995年からピースボートの企画・実施に携わっている。

2007年に出版された『こんなに素敵なピースボート』(ピースボート編 2007)の帯には「平和と環境のための船の25年」とピースボートが表現されており、やはり「平和」「環境」という極めて漠然とした、それゆえ誰にとっても批判するのが難しい言葉が使われていることがわかる。

いくつもの「はじまりの物語」

ピースボートが始まったきっかけに関しても、発表媒体によっては「歴史の書き換え」が行われている。今でも公式ウェブサイトや堅めの論文(櫛渕《くしぶち》 2008)では「教科書問題」がピースボート事業のきっかけとして語られている。

「教科書問題」とは、1982年に文部省(当時)が歴史教科書検定で、日本軍のアジア「侵略」を「進出」へ書き改めさせたという報道がされたことをきっかけに起こった騒動のことだ。その中で「教科書で本当の歴史を学べないなら、自分の目と耳で事実を確かめたい」と若者たちが集まったのがピースボートの始まりだと公式サイトや櫛渕万里は言う。ちなみに、第2章で取り上げた「船が余った」話や、「海水浴ができるからサイパン」という話は一切出てこない。

一方で、創設メンバーの一人である吉岡達也（ピースボート共同代表）は、ピースボートの始まりを2008年のインタビューで以下のように答えている。

「もう25年前、1983年ていうと、当時は東西冷戦というのがあって、ソ連とかいう国もあって、今とは状況も全然違うんだけど、ひとつ今でもスピリッツって言ったらあれだけど、今でも思ってることがあって、人間にとって好奇心とかすごいやじうま精神がものすごい大事だと思うのね。好奇心ややじうま精神が何かを作り出すってことがあると思ってるところあるんですよ。やっぱり、ピースボートはじめたのもそうなのね。ピースボートを25年やろうなんて思ってなくて、はじめは本当に僕自身も東西冷戦があって、ソ連という国とか、中国とか何か行ったことがない国があると、ベトナムとかかね。やっぱり行って、そこでどんなもの食うてんやろうとか、どんなこと考えてるんだろうかとか、何言うんやろうかって興味があって、そこに行きたい、会いたいってところからピースボートを始めたんですよ」（DVD「第62回ピースボート 船内テレビダイジェスト」より）

このインタビューでは、「東西冷戦」や「ソ連」というキーワードこそ出てくるものの、政治性が露出するような言及は避けられている。「好奇心」という余白が多く存在する言葉を用いるというのは、現在のパンフレットと同じスタイルである。ピースボートの一般向けに発信するメッセージが、明らかにイデオロギー性を帯びたものから、政治的に中立だと見える表現に変わってきたということがわかる。

この戦略、マーケティング的には当然だろう。今となってはピースボートの始まりが、ただ船が余っていたからなのか、教科書問題への熱い情熱なのか、やじうま精神なのか、そんなことはどうでもいい。

大きな船をチャーターして、長期間のクルーズをするとなれば、様々な趣味や嗜好《しこう》を持った人に集まってもらわなければならないからだ。

「過去の戦争を見つめ未来の平和を創る船旅」よりも、「地球一周の船旅」や「世界平和の旅」の方が、多くの人が集まるに決まっている。それには「過去の戦争」というい かにも左翼が好きそうな言葉ではなくて、「地球」や「平和」という「いいことを言っているように聞こえるが、実は何も言っていない」言葉の方が都合がいい。

「9条ダンス」と「お郷ことばで憲法9条」

しかし、実際にピースボートがただの観光船になったのかと言えば、決してそうではない。たとえば2002年の第38回クルーズでは、外務省からの自粛要請を退け、日本・ロシア間の領土問題となっている国後島《くなしりとう》へわざわざ渡航。数回にわたり朝鮮民主主義人民共和国（北朝鮮）への渡航も実施している。やんちゃだ。

僕の乗った62回クルーズでも、明確な政治的主張を持ったイベントが船内で数多く行われていた。具体的には、「9条ダンス」や「お郷《くに》ことばで憲法9条」というものを目撃することができた。「9条ダンス」、想像できるだろうか。

「9条ダンス」とは、憲法9条（平和主義についての条文）の理念をヒップホップのリズムにのせて表現したダンスだ。62回クルーズの前から準備され、クルーズには9条ダンスを教えるダンサーがスタッフとして乗船していた。練習はほぼ毎晩のように行われ、一番多い時では100人ほどが9条ダンスに参加していた。

この9条ダンスは機会があるごとに披露され、船内でのイベント時はもちろん、パレスチナ難民キャンプなど各寄港地でも披露され、ダンスと同時に憲法9条を守るための署名も呼びかけていた。

「お郷ことばで憲法9条」は乗船者が各方言で憲法9条の条文を朗読するというイベントだ。「憲法は国家の基本となる法律」と不正確な朗読から始まり、「天皇か国民か」「軍隊を保持するか放棄するか」について「どちらを選びますか！」と大声で選択を聴衆に迫る。制限された選択肢を示して決定を迫るというよく新興宗教や自己啓発セミナーで使われる手法だ。

そして各都道府県出身のパッセンジャーが「お郷自慢」と「憲法9条」を同時に披露する。たとえば岐阜県の出身者だったら「岐阜は日本のへそ。高山ラーメン、白川郷、下呂《げろ》温泉。岐阜はいいところやなあ。そんなところが戦争でなくなったら嫌やな。そこで大事なのが9条」といった具合だ。そして、方言による憲法9条の朗読が続く。

ただし、このようなピースボートの政治性に、パンフレットを見たり、説明会へ行ったりするだけでは気づかない人も多い。実際、船内で出会った元自衛官である60代の男性はピースボートに実際に乗るまではピースボートの来歴や政治的立場をまるで知らなかったという。

「僕はただ世界一周がしたかっただけだよ。まさかこんな船だとは思わなかった。乗船した日の挨拶《あいさつ》で吉岡って奴がピースボートは昔万景峰号《マンギョンボンごう》をチャーターしたことがあるって得意気に話しただろう。それでおかしいと思ったんだ。そして講演をしているのが朝日新聞の記者だろう。あとは9条ダンス。まさかこんな左翼的な場所だとは思わなかった」

彼のように、年配層は純粋な観光目的でピースボートに乗船することが多い。世界一周ができる客船は、日本語で通用するものに限ってもピースボートだけではない。なぜ、ピースボートが選ばれるのか。その秘密は次の節で見ていこう。まあ、身も蓋もない答えなのだが。

3-2 ピースボートが選ばれる理由

ピースボートは安い

「クルーズ元年」と呼ばれる1989年以来、日本では「客船ふじ丸」(日本チャータークルーズ)、「おせあにっく・ぐれいす」(旧・昭和海運)、「にっぽん丸」(商船三井客船)、「飛鳥」(郵船クルーズ)と様々な日本発の客船が就航してきた。

国土交通省の調べによると2008年に1泊以上の国内・海外クルーズに参加した人は約19万人。特に2003年以降は、団塊世代の退職の影響もあり、高齢者のクルーズ参加者が増えている。2008年に30泊以上の外航クルーズ船の乗客数は6400人、世界一周クルーズに参加したのは5100人である（国土交通省「2008年の我が国のクルーズ等の動向について」）。

日本の旅行会社が催行する世界一周クルーズには、ピースボートの他に「飛鳥II」、「ぱしふぃっくびいなす」（日本クルーズ客船）、「にっぽん丸」の計4つが存在した。近年はソマリアの海賊によるスエズ運河の治安悪化などを理由に、世界一周からの撤退が相次いでいる。

ピースボートの特徴は何と言っても安いことだ。「飛鳥II」の世界一周クルーズでは、安い部屋でも500万円台、高い部屋だと3000万円。たかだか3カ月間の旅にこれだけのお金を出せる人は多くない。また、豪華客船は夫婦など2人一組で乗ることを前提としており、一人で乗る場合は基本的に2人分の料金を払う必要がある。

一方のピースボートは、僕が乗った62回クルーズで「飛鳥II」と日数や寄港地の数がほぼ同じで148万円が最低料金だった。その他オプションツアーなど諸経費がかかるものの、料金は他の日本の客船に比べてかなり割安だ。62回クルーズには14の部屋のランクがあったが、一人部屋でも370万円から270万円、相部屋なら178万円から148万円で、そこからさらに早期割引を利用することができた。最近は、29歳以下限定で世界一周99万円キャンペーンなどを実施している。

ピースボートは気楽

ピースボートは他の客船よりもだいぶ気楽だ。「飛鳥II」や「ぱしふぃっくびいなす」には夕食の時間以降はドレスコードが設定されており、カジュアルデイでも襟《えり》付きのシャツやブラウス、インフォーマルでタイにスーツやワンピース、フォーマルではタキシードやドレスを着用しなくてはならない。舞踏会の世界を彷彿とさせるが、ある乗船経験者に聞いたところ、「世間体のいい老人ホーム」として、半ば無理やり乗船させられていた高齢の富裕層もいたという。

一方、ピースボートではドレスコードは全くと言っていいほど存在しない。僕の見た限りでは、クルーズ後半ではパジャマのような姿で船内を歩くのは当たり前、スリッパでレストランへ入ることはもちろん、裸足や水着で船内を歩く人を見かけることもあった。特に若者の足下はほぼ全員がサンダルかクロックス。そして寄港地に降りる

船内でごろ寝

時だけ、いつもよりマシな服と靴を身につける。そう、船内はすっかり「おうち」になってしまうのである。

「飛鳥II」など他の客船に乗った後にピースボートを選ぶ人も少なくない。他の世界一周客船では、夫婦での乗船が前提になっていること、高価格でのサービス提供を行っていることもあり、どうしても高齢者が中心の客構成になってしまう。

そこで約半数が若者というピースボートに「活気」を求めて乗り込む人もいる。船内で出会った60代のある女性は「飛鳥ではドレスを選んだりするのが、他の人と競い合うみたいで疲れちゃった。ピースボートは楽だし、若い人もたくさんいて楽しい」と語っていた。

確かに船内では「9条ダンス」や「お郷ことばで憲法9条」など政治的なイベントが開かれてはいるが、別にそれらに参加する義務はない。ただイベント会場へ行かなければいいだけの話だ。特に年配の参加者は政治的思想に関係なく観光目的でピースボートに乗船した人が多い。だから「9条ダンス」などを気に留めなければ、ピースボートは安価で気楽な世界一周クルーズを提供してくれるただの観光船にもなるのだ。

3-3 ピースボートの仕組み

無料で世界一周する方法

「99万で世界一周」。確かにピースボートは他のクルーズ船よりは安い。とは言っても結局100万円くらいのお金がかかってしまう。やはり腐っても世界一周クルーズ、ハードルが高いのだろうか。

実はここにピースボート最大の「秘密」が隠されている。大丈夫、今お金が一円もないあなたでも、ピースボートに乗る方法があるのだ。乗船者がピースボートに乗るまでのプロセスを見ながら、その「秘密」を明らかにしていこう。

まず、多くの人はピースボートのことをポスターや広告で知る。資料請求をすると、次回クルーズの紹介パンフレットに加えて、船内英会話プログラムの紹介、説明会の案内、ボランティアスタッフの案内などが送られてくる。資料到着後にピースボートより電話がかかってきて、説明会にも誘われる。

説明会は「地球一周の船旅説明会」と「ボランティアスタッフ説明会」の2種類が用意されているが、どちらもほぼ毎週行われている。「地球一周の船旅説明会」は、旅行写真のスライドなどを用いた一般的な旅行説明会であるが、主に若者を対象にした「ボランティアスタッフ説明会」は、普通にパッセンジャーとして乗船するのではなく、ボランティアスタッフとして「いっしょに船を出そう」という趣旨の会である。パンフレットに同封されていた案内を見てみよう。

「いっしょに船を出そう!!」
「船に乗る」だけではなく、たくさんの人たちと一緒に「船を出す」ための準備を進めていく――そんなとっておきの体験ができるのが、ピースボートのボランティアスタッフ制度です。大勢のボランティアスタッフたちが、全国各地の「ピースボートセンター」で、クルーズの参加呼びかけから発送作業、支援物資の呼びかけまで、さまざまな作業に携わっています。しかもボランティアスタッフには船賃割引の特典も。
年齢などの資格はいっさい問いません。「どんな仕事があるの?」「どうすればボランティアスタッフになれるの?」——そんな疑問にお答えする説明会へ、ぜひお越しください!!

このボランティアスタッフというのが、ピースボートを支える重要な仕組みの一つである。ボランティアスタッフは通常「ボラスタ」と呼ばれ、ピースボートセンターでの有償ボランティア、またはその活動を意味する。ボランティアという言葉を使うが、無償ではなく、その活動時間などによってピースボートの乗船賃が割り引かれる仕組みになっている。ただし、現金化することはできず、ピースボートに乗る以外に使い道はない。何となく、「秘密」の中身がわかってきただろうか。

ポスターを貼って世界一周しよう

ボラスタにはポスター貼りと内勤の2種類がある。ポスター貼りは街でポスターを

街に貼られたポスター

3枚貼るごとに、乗船賃1000円分が割り引かれる仕組みになっている。内勤は時給800円換算で、ピースボートセンターでポスターにテープを貼る、葉書を付けるなどの仕事をする。ポスターを30枚貼れば1万円、300枚で10万円の割引だ。

そう、乗船賃を99万円と考えた場合、単純計算でポスターを3000枚貼ればピースボートに乗れてしまうのである。ポスター貼りのみだけで、乗船運賃を稼いでしまうことを「全クリ」というが、62回クルーズでも筆者が確認している限り3人存在した（全て男性）。

実は、ピースボートに乗っている若者のほとんどがボラスタ経験者である。僕が行った調査でも30代以下の66・7％が「ボランティアスタッフとして活動していた」と答えている（N＝120）。

20代以下だと、この割合は70・4％まで上昇する（N＝108）。ボラスタ経験のある20代のうち、1カ月以下の活動歴という人も34・2％（25人）いたが、6カ月以上活動している人も35・5％（27人）存在した。

ほとんどの若者はポスター貼りを中心に活動を行う。内勤は時給換算のため、ポスター貼りに比べて乗船賃を稼ぐことが難しいからだ。強者は一日に100枚以上のポスターを貼るという。

初心者講習を経たら、ポスター貼りは基本的に一人で行う。街を歩き店舗に許可を取り、ポスターを貼るという工程の繰り返しだ。この時、きちんとポスターが貼られたかを後からスタッフが確認できるように、店舗側には必要情報を記入してもらう。

あるボラスタ経験者によると、「国際NGOピースボートのボランティアスタッフ」と自己紹介をすると許可をもらえる確率が高くなったという。まさかポスター貼りが船賃割引に換算されているとは思われないため、「NGO」や「ボランティア」「世界平和」という言葉がフックとなり、店舗の人に好意的な印象を持たれることが多いらしい。

ポスター貼りの拠点「ピーセン」

ボラスタ活動の拠点となるのがピースボートセンター、通称「ピーセン」である。東京、大阪、横浜、札幌、福岡といった大都市に存在し、陸地でのピースボート業務を担っている。ポスター貼りをする場合も、ポスターをピーセンで受け取らないといけないので、ボラスタに登録した人は、基本的にピーセンへ通うことになる。

このピーセンはただのボラスタ活動の拠点に留まらず、ピースボートに関わる人の交流の場としての役割も果たしている。たとえば定期的なミーティングの他に、花見など季節ごとのイベント、勉強会なども積極的に行われており、特に近くに住む人は足繁《あししげ》くピーセンに足を運ぶことも珍しくない。

毎週水曜日の夜には全国のピーセンでミーティングが開かれる。大阪では「つっこM（つっこみ）」、福岡が「いいよる会」、東京では「井戸馬場会議」など各地で名称は違っているが、基本的なコンテンツに大きな差はない。

この時間は基本的にボラスタとしての時給が発生しないにもかかわらず、多くの若者がミーティングに参加するという。このミーティングでポスターを貼った枚数の全国ランキングなども発表される。

多くのポスターを貼った人は、会議に参加している仲間から大きな賞賛を受けることができる。「はじめはただのポスター貼りだと思ってたけど、みんなにすごいって言ってもらえるのが嬉しくて頑張ってしまったかも」と、乗船までにポスターを500枚ほど貼ったナナミ（24歳、♀）は語っていた。さながら営業成績の発表会である。

他にも船賃割引にはならないが、ピーセンでは様々なプロジェクトが進行している。次回のクルーズと連動しているものが多く、たとえば62回クルーズ前ではパレスチナ難民に対する職業支援をする「サナアプロジェクト」や、街頭募金などを通してカンボジアへ支援金を送る「ピースボート地雷廃絶キャンペーン」に参加している人が比較的多くいた。はじめポスターを貼るためだけにピーセンへ通っていた若者でも、次第にスタッフや他の乗船者と仲良くなるうちにこうしたプロジェクトへ参加していくのである。

ルールはニックネームとタメロ

ピーセンでは、互いの名前をニックネームで呼び合い、年齢に関係なく敬語は使わないという了解がある。ピーセンに通い出すと、1度目か2度目でニックネームが決められる。元自衛官の子であれば「たいさ」、ベリーダンスが好きな子なら「ベリー」といった具合だ。

本書では当たり障りのない仮名に変えてしまったが、62回クルーズに限って言えば、「マサ」や「モッチー」といった本名をもじったニックネームは少数派で、「ノロ」「ミラクル」「シャン」など本名と全く違う名前をつける人の方が多かった。

この名前はピースボート船内まで持ち込まれ、ピーセンに通っていなかった人に対しても同じルールが適用される。つまり、基本的に船内では年齢や所属に関わりなく、誰もがニックネームとタメ口でコミュニケーションを行う。そして初対面の人には握手をしながら自分の名前を名乗ることが多かった。さすが、海外だ（たいていは日本語話者同士だけど）。

ピースボートを支えるスタッフたち

ピースボートを運営するのはNGOピースボートの専従スタッフたちだ。いわゆるフルタイムのスタッフのことであり、月給はだいたい15万円から20万円程度。ボーナスはない。自ら志願する場合と、ピースボート側から誘われる場合があるが、基本的にはピースボート乗船経験者がスタッフになる。20代が多い。

専従スタッフになるためには一部の職種を除いて「責パ（責任パートナー）」になる必要がある。「責パ」とはピースボートの財政面や運営面における責任を負うスタッフのことだ。NGOピースボートは、スポンサーを持たない非政府組織であるため、彼らの出資が必要なのだ。推薦人が3人必要で、5万円の出資金に加えて、ピースボートが赤字になった際には、その負債を頭割りで支払う義務が生じる。たとえば1995年には1億円の赤字が発生し、責パ一人当たり180万円の支払いをしたという。こんなの、ピースボートへの愛がなくちゃできない。

ただし、専従スタッフになれたとしても、それが低賃金の長時間労働であることに変わりはない。ピースボートセンター間の転勤のため全国を転々とすることが多いので、ルームシェアをしているスタッフも多い。寮ではないが、代々ピースボートが借りている場所があるので、そこに男女問わず3人から5人程度で同居することが多いという。近くにピーセンがない若者がボラスタをしたい場合、このスタッフの家に居《い》候《そうろう》をする場合も多い。

20代の女性スタッフの一人はピースボートでの仕事を、「安月給でボーナスもない仕事。貯金をすることもできない。結婚して子どもを産むなんてできるはずがない」

と笑いながら語る。それでも彼女がピースボートを続ける理由は「楽しいから」だ。「色んな人と出会える。それで自分が成長できる。それにはすごい感謝してる」。お金のためというよりも、完全に「やりがい」や「夢」のために彼らは働いているのだ。大学時代は囲碁部だった教育社会学者の本田由紀（2008b）ならば、「やりがいの搾取《さくしゅ》」と言って憤慨するのかも知れない。

3-4　夢をつなぐピースボートセンター

ピーセンに巻き込まれる

「行けばみんながいる。とても居心地がよく楽しかった」とサリ（19歳、♀）が語るように、ピーセンはそこに集う若者にとって「居場所」としての役割を果たしている。

多くの若者ははじめ、気軽な気持ちでボラスタ登録をし、ピーセンを訪れる。ボラスタに登録しただけでは何の義務も発生しないし、本当に世界一周クルーズに参加するかさえも決めなくていい。実際、ボラスタになる全ての人がクルーズに参加する訳でもない。

ボラスタ登録の時点で世界平和や国際協力といったピースボートの掲げる理念に興味がある若者は多くない。むしろ「ピースボートに関わるようになってはじめて、パレスチナの問題とか、憲法の問題に興味を持った」（タカシ、19歳、♂）という人が多数派だ。

しかし、次第にポスター貼りのためだけに通っていたピーセンの「共同性」に若者たちは巻き込まれていくことになる。ポスター貼りを繰り返すとなると、自然にピーセンへ通う回数も増えていく。それは、ピーセンで様々な人間関係が生まれることを意味する。

「はじめは9条とかに興味があった訳じゃないんだけど、スタッフに熱く語られて、そうなんだって思いはじめた」とナナミ（24歳、♀）が言うように、既に信頼関係が形成されたスタッフやピーセンの仲間から、戦争問題や護憲活動などの知識を伝えられると、主張の妥当性により物事を判断するのではなくて、「その人が信じられるから、その問題も信じよう」と思ってしまうのである。

ポスター貼りで自己教化

ピーセンの「共同性」を支える軸は、何と言ってもポスター貼りだろう。ポスター貼りという行為にはピースボートの理念に同一化するための「自己教化」という役割がある。

ポスターを店舗などに貼ってもらうには、ピースボートの趣旨に賛同してもらう必要がある。少しでも乗船賃を安くしたいのならば、一枚でも多くポスターを貼らなくてはならない。つまり、ピースボートの印象が良くなるプレゼンテーションができるほどに、ポスターを貼れる確率も上がり、割引額も上昇していく。

ボラスタ活動を1年近くしていたサリ（19歳、♀）は、「だんだんとピースボートへの愛が深まっていく感じ。ポスターを貼るときの説明のためにピースボートのことを覚えるでしょ。そこでPRのためにいいことばかり覚えることになるから」とポスター貼りの日々を振り返る。

はじめは純粋に割引目当てにポスターを貼っていた若者も含め、繰り返し自分の口からピースボートの素晴らしさを語るにつれて、ピースボートに対する信仰を深めざるを得ない構造がそこにはあるのだ。こうしてピーセンというコミュニティは、ただのポスター補給場所という意味を超えて、信仰の対象でもあり、自分たちが所属すべき場所にもなっていく。

ピースボートはゴールを与えてくれる

「ポスターを貼れば世界一周ができる」というのは誰にとってもわかりやすい「物語」だ。しかも、ピースボートを世界平和のための共同体だと考えるなら、ポスター貼りさえもその「世界平和」に貢献することを意味する。つまり、「ポスター貼り」は、「世界一周クルーズへの参加」のための個人的な手段であると同時に、「世界平和」という社会的な目標を実現するための手段ということになる。

流動的で複雑な現代社会に、わかりやすい「物語」はなかなか落ちていない。勉強をしたからといって「いい人生」が送れる訳ではないし、劇団に入ったからといって誰もが有名タレントになれる訳でもない。そんな時代に、「ポスターを貼れば世界一周ができる」というのはなかなか魅力的な「物語」である。ポスター貼りは簡単でもないが、不可能なことでもない。少しずつレベルが上がっていく感じは、「ドラクエ」などのRPGに近いとも言える。

62回クルーズに「全クリ」で乗ったツヨシ（23歳、♂）は、「ポスター張りのランキングが毎週発表されるじゃないですか。それで全国1位をとったこともあって。やってやろうって気になりますね」とポスター貼りの魅力を語る。彼は「ポスターを貼るだけで世界一周ができる」と聞いてからピースボートに関わり始め、約半年で「全クリ」を達成する。

「全クリ」という言葉が表現しているように、やはりそれはある種のゲームなのだ。だがよく考えると、ポスターを一定枚数貼ることが「クリア」っておかしくないだろうか。だって、クルーズはこれからなのである。ポスターを貼る段階で彼らはまだピラミッドもフィヨルドもモアイ像も何も見ていない（ポスターに使われた写真は繰り返し見たかも知れないが）。まあ、「世界平和」っていうゴールだけでは、永遠にクリアできないだろうから仕方ない。

そしていよいよ旅立ち

はじめ、多くの若者は世界一周をしたいという個人的な「目的」のためにピーセンという「共同性」に集う。しかしピースボート運営者側の本来の「目的」は、「世界

船上からの眺め

平和」や「憲法9条護持」という理念の実現である。若者たちもその「共同性」に集うなかで、ピースボート共同体の抱える様々な目標を共有していくことになる。「地球一周」や「世界平和」という理念に同一化した若者たちは、次第に「一緒に船を出している」という共催者意識を持つようになる。

もちろん、ピースボートの掲げる理念とどの程度同化してしまうかには個人差がある。だが彼らには少なくとも「世界一周の旅をする」という共通の「目的」が共有されているため、その「共同性」が大きく揺らぐことはない。

そこでは「世界」や「平和」という曖昧な概念と、共催者意識が形成する共同性が、若者たちの承認のリソースとして機能していることが確認できる。たとえば乗船者の一人タカアキ（23歳、♂）は出航パーティーの後、以下のような日記を書いている。

どれだけピーセンに貢献できたかわかんないけど、しっかりバトンを次につなげてピーセンという大切で素敵な場所をもっとたくさんの人に知ってほしいです。なんでもできるし、バカできるとこ他にはないよ!!

そう思いました。

63クルーズ、未来クルーズの人……

任せた！

先に船乗るわ。

彼にとってピーセンとは「貢献」すべき団体であり、「大切で素敵な場所」であることがわかる。乗船前には各地域のピーセンごとに交友関係ができ上がっており、船に乗って最初の会話が「君、どこピーセンだったの？」「横浜ピーセンだよ」ということも珍しくない。出航前に既に若者はピースボート共同体に埋め込まれており、そのコミュニティごとピースボートに乗り込むことになる。
さあ、いよいよ出航の時間が近づいてきた。
希望難民ご一行様と行く世界一周クルーズの始まりだ。

第4章

自分探しの幽霊船に乗る若者たち

自主企画に集まる乗船者たち

この章ではまずクルーズの雰囲気をつかんでもらおう。

どんな船で、どんな場所に行くのか、そして乗船者は船内では何をしているのかという基本情報を整理した。その上で、調査票とインタビューをもとにして、どのような職業や学歴の若者がピースボートに乗っているのかを見ていく。なぜ彼らがピースボートに乗ったのかを解き明かすのがこの章の目的だ。

キーワードは「現代的不幸」と「自分探しの幽霊船」。ちょっと暗雲が漂ってきた。

4-1 62回クルーズの基本情報

データの概要

一応、「研究」や「調査」と銘打っているので、データの概要の説明をしておこう。以下、調査票のデータを用いる時は、義務教育終了前の2人と、40代以上の37名を除外して分析を行っている。有効回答数は前期調査では120、後期調査では124である。量的調査としては少ないが、そもそも船に乗っている若者が300人程度なので、許して欲

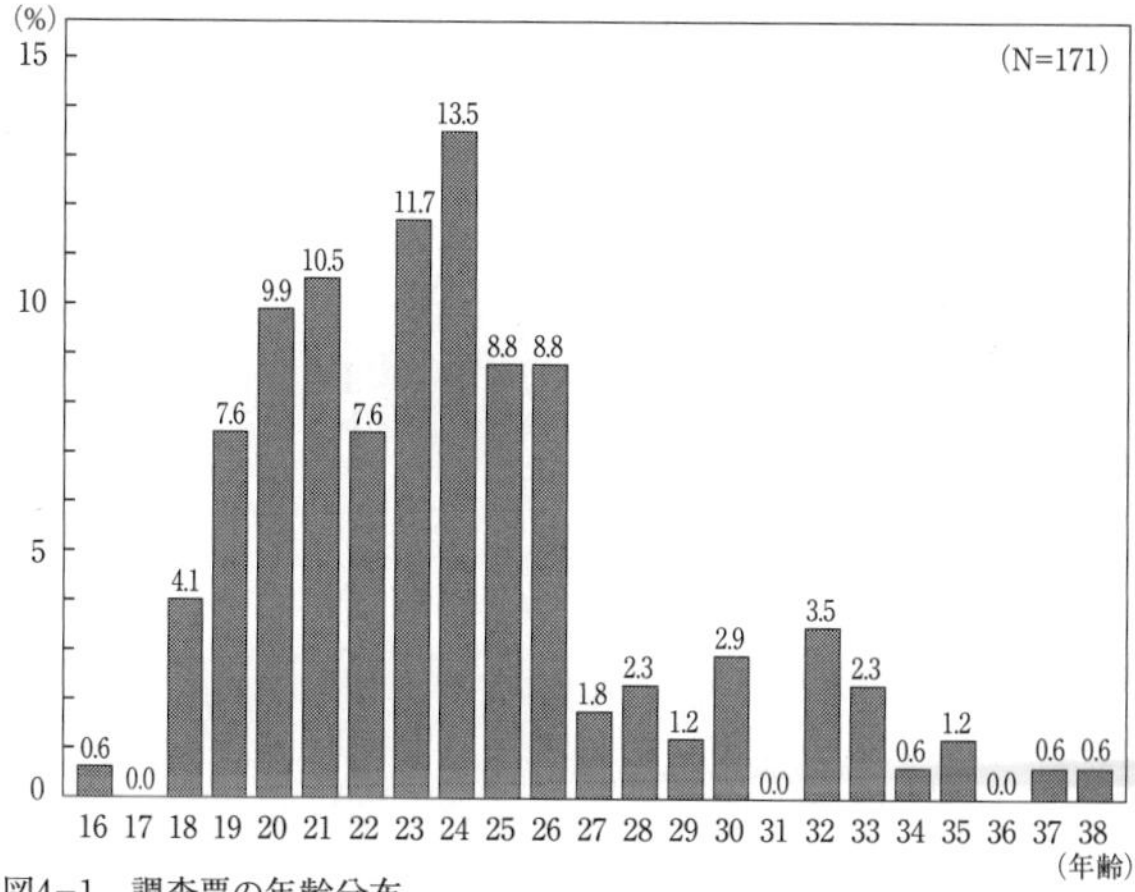

図4−1　調査票の年齢分布

しい。

その中で前期調査、後期調査共に回答を得たのは73人であった（＊10）。調査対象とする16歳から39歳（N＝171（＊11））を年齢別の分布で見てみると、その多くが20代前半に集中していることがわかる（**図4‐1**）。10代が21人（12・3％）、20歳から24歳までが91人（53・2％）、25歳から29歳で39人（22・8％）、30代が20人（11・7％）だった。年齢としては24歳が一番多かった。性別は男性が35・7％、女性が64・3％で、女性の乗船者の方が多かった。

全数調査ではないので、この数値が実際のピースボート船内の構成を正確に再現していると立証することはできない。

ただし、スタッフからのインタビューなどの情報を統合すると、実際の年齢構成とジェンダー差に大きな誤差はないと思う。女性が多いのは、後述するように、資格（特に看護師）を持った20代後半の乗船者が一定数いたためだと考えられる。

ピースボートで初めての海外

ほとんどの若者にとって今回のクルーズが初ピースボートだった。1回目の乗船者が95・0％と大多数を占め、2回目が3・3％（4人）、7回目が0・8％（1人）だけだった（N＝120）。リピーターはほとんどいない。それは、ピースボートの理念に共鳴した若者はスタッフになることが多いためだろう。スタッフは基本的にピースボート経験者がなるのだが、今回のクルーズでもピースボートの理念に深く共感した数人がスタッフを志望するようになっていた。

そもそもピースボートが初めての海外経験という人も多い。実に76・5％の人が今回のクルーズで初めて海外へ出た（N＝119）。短期を含めると留学経験者も16・7％いたが、「海外への憧れ」がピースボートに集う若者たちの訴求力の一つになっていることがわかる。初海外が世界一周クルーズかと驚きたくなるが、第2章で見たように「初海外だから世界一周」なのである。

若者はほとんど4人部屋

ピースボートは基本料金によって部屋のランクが分かれている。と言ってもサービスや食事はみんな一緒だ。映画『タイタニック』みたいに、お金持ち専用エリアとかはない。

4人部屋（もう少しきれいな部屋も）

若者の84・1％は4人部屋を選んでいた。3人部屋と答えた人が11・6％、2人部屋が1・7％で、1人部屋に乗船しているのは2・4％に過ぎなかった（N＝120）。ちなみに価格は、一番安いフレンドリータイプヤングで148万円、フレンドリータイプカジュアルで158万円、一人部屋だと250万円から370万円程度である。

スラム化する部屋（上）とソファー難民（下）

　フレンドリータイプの部屋は、乗客が足を踏み入れることのできるうちの最下層の3階に属し、部屋に窓はない。3畳程度の一室に二段ベッドが二つ並べられている小部屋だ。クルーズの終わりともなると、スラム街の一角になっているような部屋もあった。ジェンダー差はない。

　共同生活のため、どうしても部屋に馴染めないで部屋を移動する人もいる。クルーズ中盤以降は「ソファー難民」も登場した。夜間も部屋に戻らずに、船内の各フロアやレセプション前に設置されたソファーで過ごす人のことである。もっとも「ソファーにいると色々な人と会える」と積極的に難民化を選択しているマサコ（20歳、♀）などもいた。

若者のほとんどが相部屋というと、決まって聞かれるのは「そういうこと」はどこでしていたのかという話だ。特に上野千鶴子が執拗《しつよう》に聞いてきた。相部屋と言っても一応、男女で部屋は分かれている。ただし、色々なローカルルールがあったようで、ある目印を扉に貼っている時は他に誰も入らないようにするという取り決めをしている部屋もあった。ちなみに船中を探しても、死角になる場所はほとんどなかった。そもそも、「そういうこと」自体みんなあまりしていなかった気がする。むしろ「そういうこと」なしに、男の子が女の子の部屋で眠るみたいな光景の方が一般的だった。ピースボートにも草食化の波が押し寄せている。

22の寄港地、114日間の旅

62回クルーズでは22の寄港地に停泊した。２００８年5月14日に横浜を出発し、ベトナムのダナン、ヨルダンのアカバなどアジア・中東地域からスエズ運河を経由し、6月にはスペインのバルセロナ、フランスのル・アーブル、ノルウェーのベルゲンな

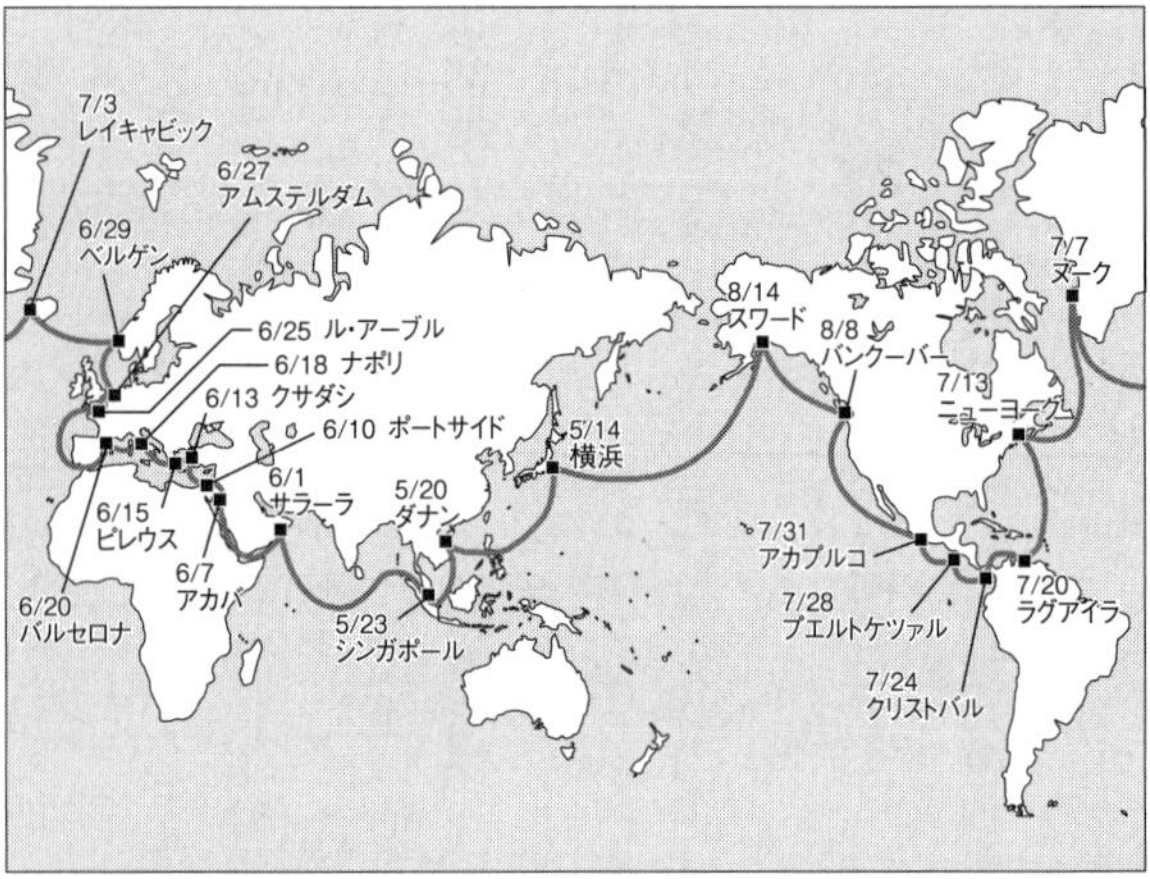

図4−2　当初のクルーズ予定図

どヨーロッパを巡り、7月中旬にはアメリカのニューヨークへ寄港した。その後、パナマ運河、メキシコのアカプルコなど中米を経由し、カナダのバンクーバー、アラスカのスワードなどを経て9月4日に日本へ帰港した。114日間をかけた世界一周の船旅である。

図4-2は当初のクルーズ予定図だ。なぜわざわざ「当初」とつけたかの理由は次の章で明らかになる。

各寄港地では自由行動もできるが、いくつもの有料の寄港地プログラムが用意されている。オプションツアーにかけた費用を聞いた設問では、44・2%の若者が10万円から30万円未満という選択肢を選んでおり、30万円から50万円未満が

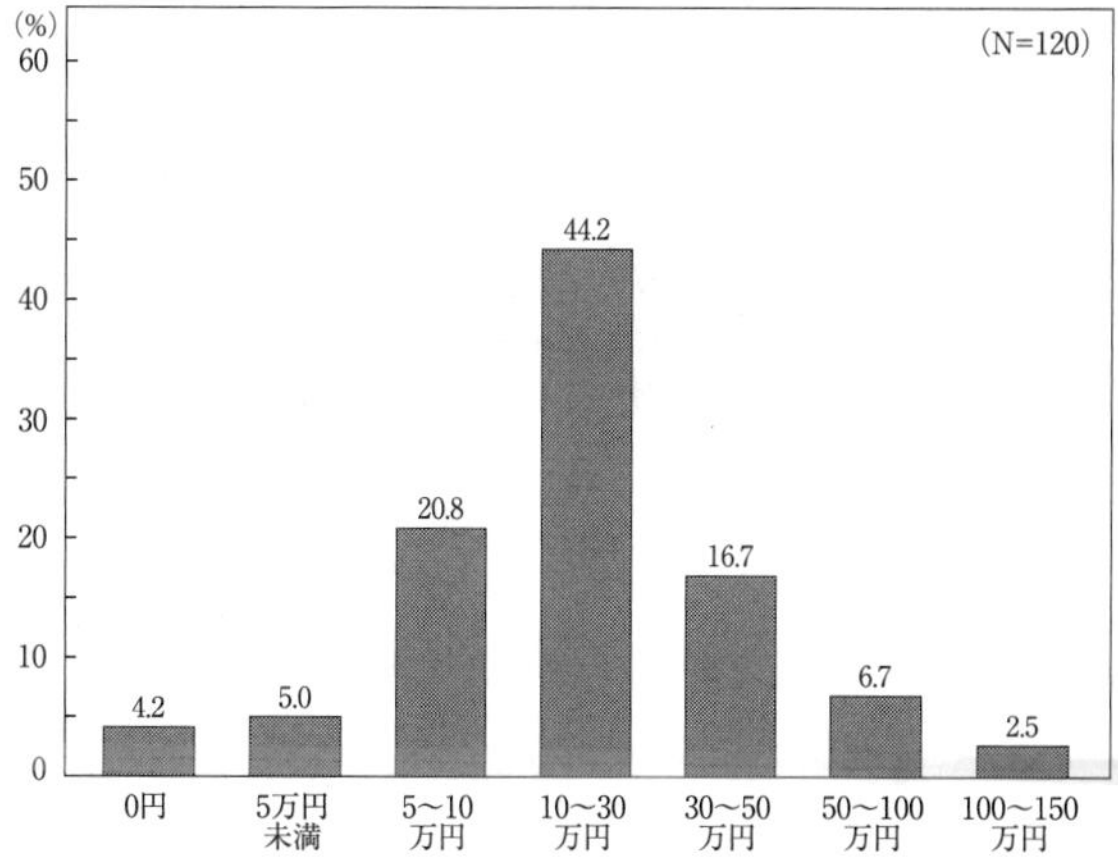

図4−3　オプションツアーの予算

16・7%、50万円から100万円未満が6・7%、100万円以上が2・5%だった。また、5万円から10万円未満という人が20・8%、5万円未満が5・0%だった。オプションツアーにまったく申し込んでいないと答えたのは4・2%に過ぎず、多くの若者が程度の差こそあれオプションツアーに参加していることがわかる(**図4-3**)。

旅行中は船内でも船外でもそれなりに出費がある。たとえば朝食・昼食・夕食は乗船代に含まれているが、アルコールをはじめとしたドリンクなどは船上居酒屋で購入することになる。他に船内には自動販売機や売店があり、専用カードで決済を行う。アルコールなどの料金設定は日本の居酒屋程度、ジュースやお菓子は数十％増し程度、意外に良心的だった。

お小遣いを聞いた設問では、10万円未満を選んだ人が14・2％、10万円から30万円未満が61・7％、30万円から50万円未満が20・8％だった（N＝120）。これらの参加費用・旅行費用の調達方法を聞いた項目（複数回答可）では、仕事やアルバイトで貯めたが76・7％、親から借りた（返済予定）が37・5％、親から出してもらった（返済予定なし）が7・5％だった（N＝120）。結構みんな自分のお金でピースボートに乗船していることがわかる。

船内の様子

では次に、船内の様子を見ておこう。62回クルーズでは「クリッパー・パシフィック号」という客船が使用された。1970年にロイヤルカリビアンクルーズ社により「ソング・オブ・ノルウェー」の名前で造船された老朽船である。全長は194メートル、総トン数は2万2千945トン。大きさは小学校の校舎くらいをイメージしてもらえばいい。そう、結構大きいのだ。「ピースボート」という名前を聞いて、「ゴムボートで世界一周するの？」と真顔で聞いてきた友人がいたが、そんな訳はない。

クリッパー・パシフィック号

船は3階、4階、5階、7階が客室として使われており、5階がレセプションとツアーデスク、6階にはレストランやメインホール、展望浴場などがある。7階にはスポーツバーとフリースペース、和室があり、8階（屋上）にはプールデッキ、スポーツデッキがある。イメージで言えば、ちょっと古めかしいホテルだろうか。

各階は船内前方と後方にある階段とエレベーターで移動できるが、エレベーターは頻繁に故障していた。若者の多くは相部屋のある3階、4階に居住しており、5階と7階の客室は年配層が多い。夕食は6階のレストランのみで提供されるのだが、収容人数の関係で2回の交代制となる。部屋のあるフロアで時間を区切ってあるため、前半は年配層中心、後半は若者中心という構成になり、両者の交流は少ない。これは、ある事件の伏線になる。

「ピースボート」という名前のクルーズだが、航海にあたっては3つのアクターが関与している。まず、NGOピースボート。NGOピースボートは船内企画の提供を主な業務としている。そして旅行会社ジャパングレイス。実質、NGOピースボートと同じ組織と言っても良いが、乗船者はジャパングレイスと旅行契約を結んでピースボートという名前のクルーズに参加するという形態を取っている。そしてジャパングレイスとチャーター契約を結んだ船会社ISPがある。船長をはじめとした船員、ハウスキーパーなどが船会社に所属しており、実際の航海業務を担当していた。

900人を超える乗船客のほとんどは日本人（日本語話者）である。日中のレセプションでの業務やツアーの案内などは日本人スタッフが対応する。船内は基本的に「日本」だと考えていい。ただし、船長をはじめとした船員にはヨーロッパ系、ベッドメイクなどをするハウスキーパーなどにはアジア系の外国人が多い。レストランなどではみんな、お手軽英語体験を楽しんでいた。

洋上大運動会

老人ホームの隣で文化祭

100日間を超える世界一周クルーズ。実は寄港地に滞在する時間よりも船内で過ごす時間の方が圧倒的に長い。クルーズというと静かで穏やかな日々を想像するかも知れないが、ピースボートの船内は日々喧《やかま》しく慌《あわ》ただしい。それは運動会や夏祭りといった数々のイベントのためだ。高齢者施設の隣で毎日文化祭が開かれている様子をイメージして欲しい。

船内生活のほとんどを占めるのが「自主企画」である。自主企画とは乗船者が自主的に行うイベントであり、ダンス講座、写経、演劇、「オカマバー」、クイズ大会など中学校の文化祭のような企画が一日に50程度も開かれている。自主企画を行いたい場合は、実施日の2日前に自

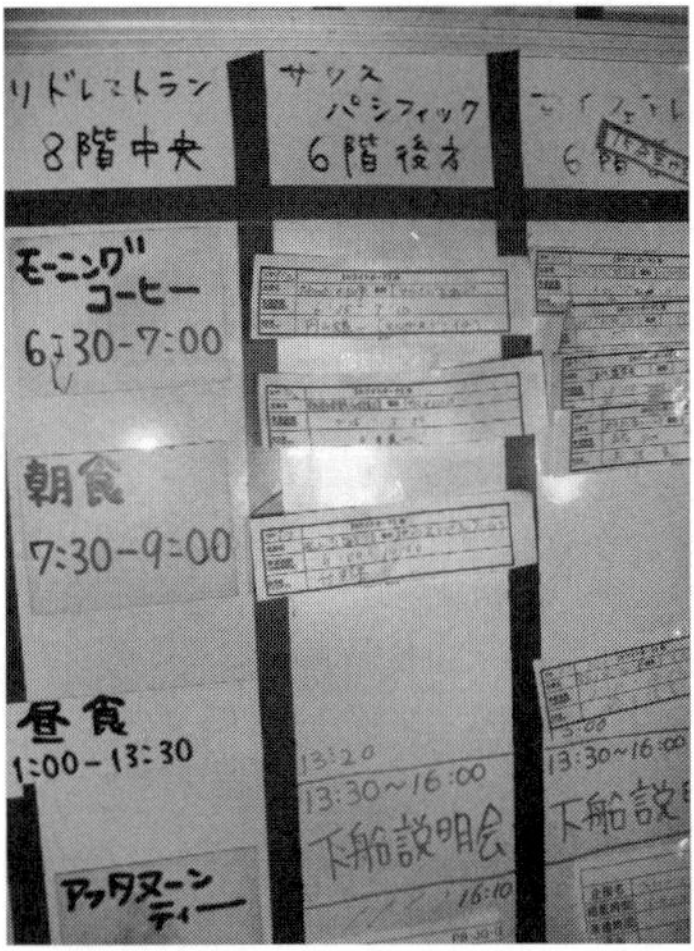

自主企画が貼られたホワイトボード

主企画申請広場へと行く。そこで申請用紙に必要事項を記入し、部屋と時間が書かれたホワイトボードにその用紙を貼り付けていく。

クルーズ後半になると自主企画の楽しさに気づく人が多く、申請広場は半ば戦場と化する。開始の合図と共にホワイトボードに人が群がり場所取りが始まる。同じ場所、同じ時間に複数の企画がかぶってしまった場合は「共存」によって解決することが多い。同じ会場でオカリナ、バイオリン、英語のコーラス、少林寺の企画が混在するなどということもざらにあった。

自主企画の一覧は当日の船内新聞によって告知される。乗船者たちはこの船内新聞をもとに日々のスケジュールを決めていく。船内は基本的には自由行動だが、どの時間でも常に複数の企画が開催されている。アズサ（23歳、♀）が「時計なんて気にしない生活ができると思ったのに」とつぶやいていたように、乗船者は意外と時間に気を遣う生活を送っていた。

船内には、様々なアクティビティが存在するが、当然それをスタッフだけで運営・維持していくことはできない。そこで活躍するのが様々なチームだ。船内には「新聞局」や「映像チーム」など様々な職種別団体がある。

これらのチームは自然発生した訳ではなく、各団体ではスタッフの指示のもと、乗船者がボランティアで活動をしている。乗船前のボラスタとは違い、全く対価のない無償労働であるが、半数近くの若者が何らかのチームに関わっていた。各団体への参加は全くの自由で、複数の団体に所属しても良いし、1日で辞めても良い。どの団体も主なメンバーは20代までの若者が中心であった。

4-2 ピースボートに乗る前の若者たち

乗船者には意外と正社員が多い

さあ、船の雰囲気をつかんでもらったところで、実際にどのような若者たちがピースボートに乗るのかデータを使って見ていこう。

まず乗船前の職業で見ると、最も割合が大きかったのは「正社員」で、約3割にあたる31・9％だった。次に多いのは学生で27・7％。ここでいう学生には「高校生」「大学生」「大学院生」が含まれている。62回クルーズの出航が5月ということもあり、直前に高校を卒業したばかりの若者もこのカテゴリーに含まれる。次に多かったのはパート・アルバイトで17・6％であった（**図4-4**）。

この結果、やや意外な印象を受けないだろうか。休学や単位の調整をしてピースボートに乗船する大学生や、高校卒業後に乗船する若者が多いのはわかる。比較的仕事の辞めやすいパートやアルバイトが多いのもわかる。しかし、なぜ正社員という地位にある人がピースボートに乗り込んでくるのだろうか。しかも、彼らの中で休職扱いのものはほとんどおらず、多くが仕事を辞めて来ている（＊12）。

一つ考えられるのは「周辺的正社員」の存在だ。労働問題に詳しい社会学者の木下武男の言葉で、正社員と言いながら労働条件や環境が非正規と変わらないような正社員のことである。インタビュー調査でも肩書きは「正社員」でも、好待遇で働いていた若者の姿はほとんど確認できなかった。

そして仕事が辛い正社員。過酷な長時間労働のため身を削ってきた正社員乗船者の姿もあった。たとえばカナイ（29歳、♂）は大学卒業後、大手企業で正社員として働

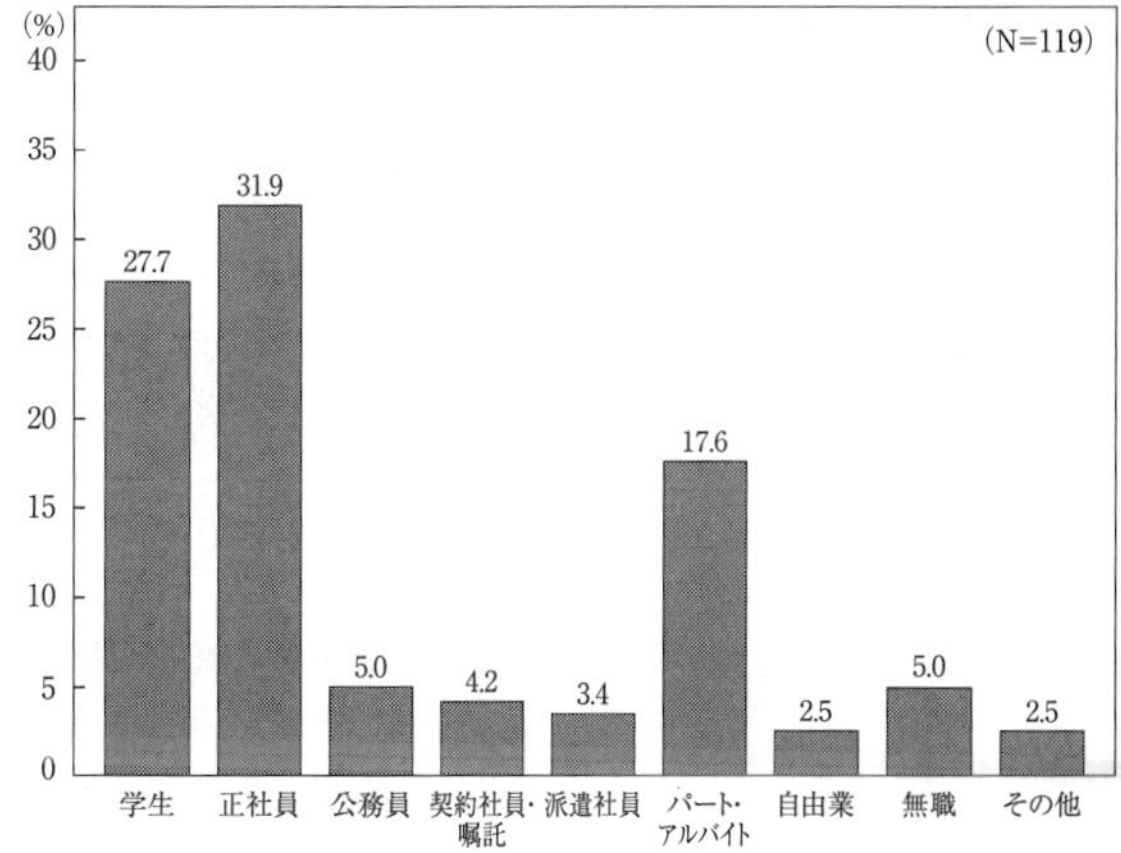

図4−4　乗船前の社会的地位

いてきた。「人と関わる仕事をしたい」「色々な人の話を聞く仕事をしたい」と思い、企業展へ出向き、人材派遣会社に就職を決める。そして23歳から29歳にかけては、その会社で多忙な日々を送ることになる。「サービス残業は当たり前。夜中もタクシー代が出なかったり。2時帰宅で5時起き、休日なしみたいな月もあった」という。

ミナミ（28歳、♀）は春にSEを辞めて、ピースボートに乗船した。仕事を辞めるまでは「12時に帰って、2時に寝て、5時にシステムに不具合がありましたって電話で起こされる」という生活を送っていた。ストレス解消のためにはまっていたのは、『戦国無双』というアクションゲームである。敵を次々になぎ倒していくゲームだが、先輩から勧められ、睡眠時間を削っても止められなかったという。

看護師さんが多い

正社員が多いもう一つの理由は、「看護師さん」である。正確なデータはないのだが、女性乗船者には看護師が多かった。20代後半の女の子には「看護師やってたでしょ」と言っておけば、かなりの確率で当たった。「看護師集まれ」という自主企画には20代以下だけでも20人程度の人が集まっていた。そのうち男性看護師は筆者の知る限り1人だけである。

リカコ（26歳、♀）のように職場に直談判して休職扱いでピースボートに乗船した人もいるが、多くの看護師は仕事を辞めて来ている。しかし彼女たちの多くは勤務病院こそは変えるが、看護師への復職を考えている。「ボランティアをしてみたい」と語っていたミレイ（28歳、♀）のような人もいるが、資格職であることが、ピースボート乗船のハードルを低くしていることがわかる。

他にも女性の中には、看護師をはじめ、歯科衛生士、幼稚園教諭、美容師、栄養士

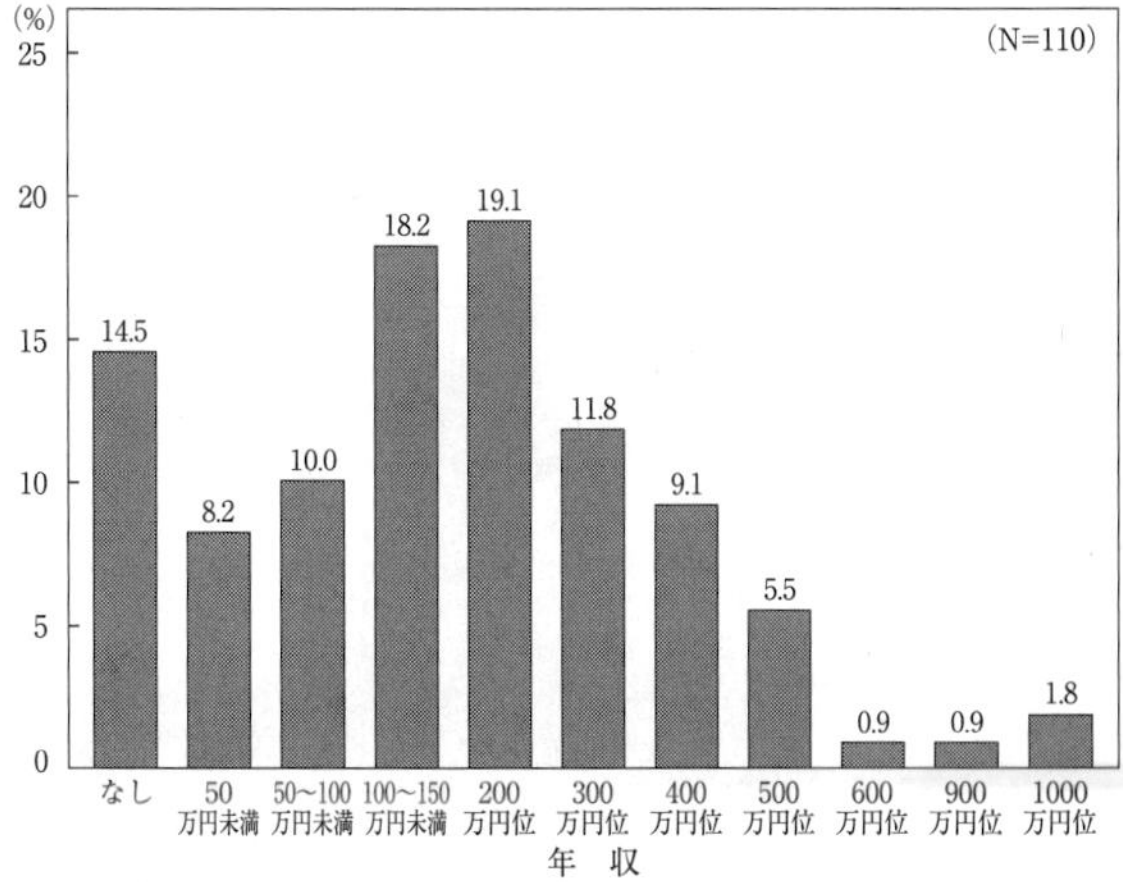

図4−5　年収の分布

など資格所有者が多かった。

年収は平均よりやや下

年収を見てみると、一番多い区分が「200万円位（150万～250万円未満）」の19・1%、次いで「100万～150万円未満」の18・2%だった（**図4-5**）。学生を除外してみると（N＝77）、一番多い区分が「200万円位（150万～250万円未満）」（22・1%）、次いで「100万～150万円未満」が19・5%、「300万円位」が16・9%だった（**図4-6**）。一人で自立して生活できる年収のボーダーラインが200万円だと言われているが、150万円未満の年収の人も35・1%いた。

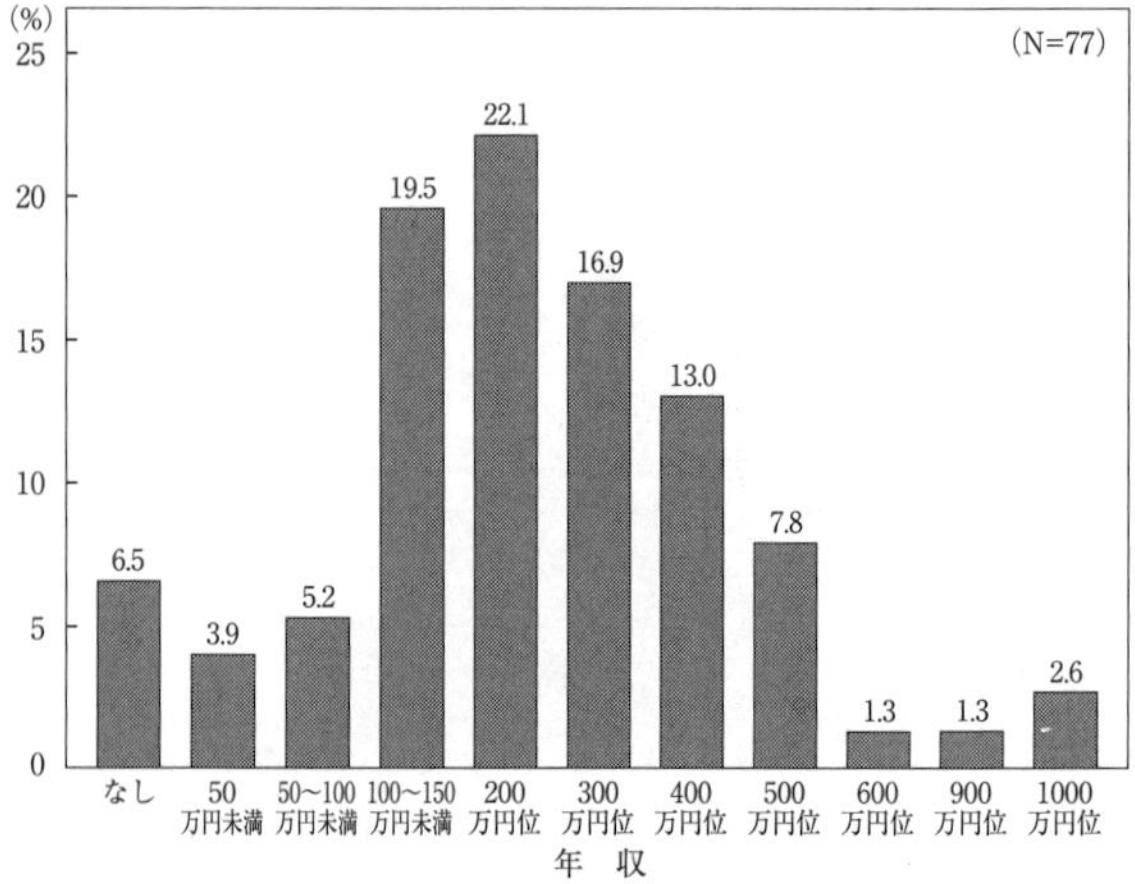

図4−6 学生を除外した年収の分布

国税庁の「民間給与実態調査」(平成20年度)によると、20歳から24歳の平均給与は248万円、25歳から29歳の20代後半で343万円である。20歳から29歳では平均296万円となるが、今回の調査票の中で学生以外の20代を抽出し(N=67)、比較してみたところ、250万円以上と回答した層は35・8%しか存在しなかった。

また、乗船前に正社員だった20代の回答者は25人いたが、そのうち収入が250万円未満だった人も8人存在した。このように、ピースボート乗船者の年収は、日本全体の平均よりも相対的に低いと言える(*13)。

一人暮らしをしていた人の割合は20・0%だった(N=120)。結婚をしていると答えた人は回答者の中には存在せず、同居のパートナーがいる人も3・3％だった。これは、ピースボートに乗る若者たちが生活インフラを家族に依存していること、もしくは依存せざるを得ないことを示している。しかし、彼らから労働条件に対する不満を聞くことはあっても、収入に関する不満を耳にすることは少なかった。

学歴は平均くらい

次に、乗船者の学校歴を見ていこう（N＝120）。高校卒業者は96・5％であり、ほとんどの乗船者が高校を卒業していた。大学卒業者は39・1％、在学中と答えた16・5％を加えると55・6％になる。うち国立大学が11・9％、公立大学が10・4％、私立大学が77・6％だった。２００８年当時、日本全体の大学進学率は49・1％だったから、船内の大学進学率は若干平均よりも高いと言える。また専門学校卒業者は19・8％、中退者は6・0％だった。大学を卒業した後に専門学校へ進学した人がいないと仮定した場合、最終学歴が高校卒業の人は24・6％、専門学校卒業の人は19・8％、大学卒業者（在学中含む）は55・6％となる。

泳ぎ疲れた若者の小休止地点

ピースボートに乗船する若者の属性は大きく分けると学生、過酷な労働を強いられていた正社員、正社員を含む周辺的労働者、資格所有者が多数を占めることがわかった。学生を例外としても、待遇や収入など労働条件が相対的に良くない若者も多く乗船している。いわゆる大企業で正社員をしていた若者はほとんどいなかった。

一方で、一時期社会現象になったネットカフェ難民など、敷金・礼金さえも払えない「最底辺」の貧困層も乗船者には確認できなかった。いくらポスターを貼るだけで世界一周に行けると言っても、生きていけるかどうかもわからない若者は、さすがにピースボートには乗らない。「上流」でも「下流」でもない若者にとって、ピースボートが、流動的な労働市場における小休止地点として機能しているのだ。

以下、わかりやすいように乗船前の社会的地位を「学生」「正社員」「非正規」という3つのカテゴリーに分類し直して使用する。「学生」とは乗船直前もしくは乗船前の3月まで高校生、大学生、大学院生だった人、「正社員」とは正社員、公務員、会社経営者だった人、「非正規」とは契約・嘱託社員、派遣社員、パート・アルバイト、自由業だった人を示す（＊14）。その時、「学生」の割合は26・9％、「正社員」は37・8％、

「非正規」は35・3％である。

4-3　乗船動機とクルーズに期待していること

曖昧な乗船動機

調査票では、ピースボートの乗船動機について8つの選択肢の中から選んでもらっている（複数回答可）。多かった順に「たくさんの場所を観光したかったから」（73・3％）、「それまでの生活を抜け出したかったから」（40・8％）、「船内で色々な人と知り合いたかったから」（38・3％）、「行きたい場所やツアーがあったから」（34・2％）となった（**図4-7**）。

この設問、調査をしている段階で失敗だということに気づいた。だってみんな○をつけすぎるのだ。全ての項目に○をつけた人もいる。これが何を意味するのか。要するにみんな乗船動機が実は曖昧なのだ。そもそも具体的に行きたい場所があるならばピースボートではなく、他の観光ツアーを選べばいい。

一番多くの回答を集めた「たくさんの場所を観光したかった」というのも、本当に

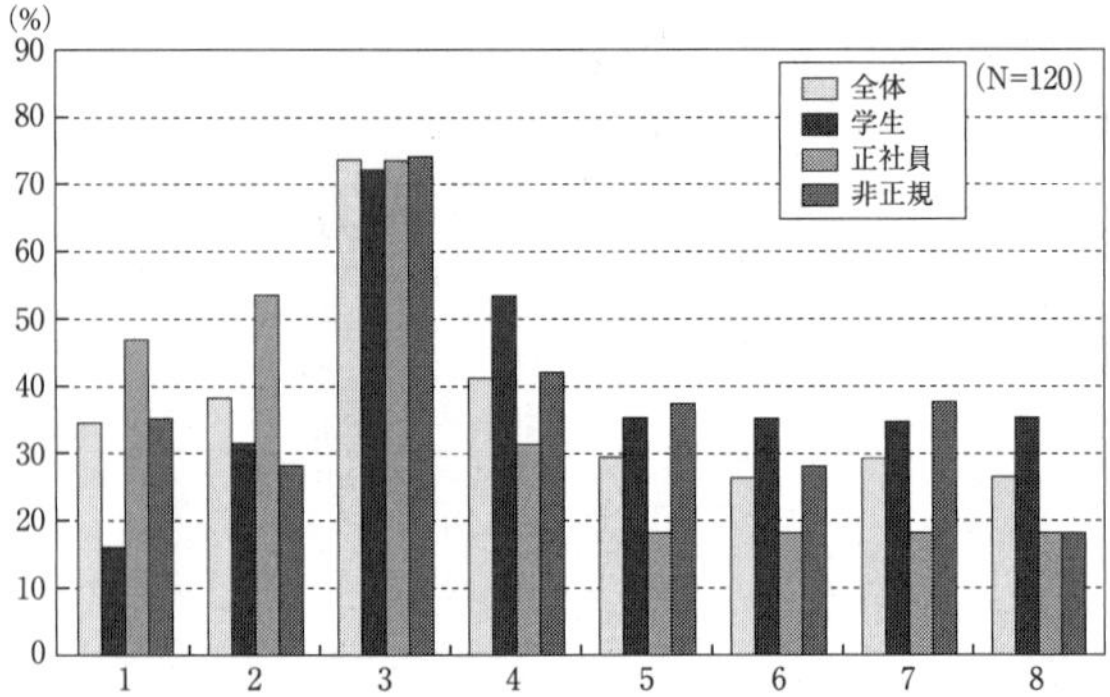

1 行きたい場所やツアーがあったから
2 船内で色々な人と知り合いたかったから
3 たくさんの場所を観光したかったから
4 それまでの生活を抜け出したかったから
5 世界の様々なものを見てみたかったから
6 (海外の)自分の知らない生活様式や価値観を体験したかったから
7 ピースボートでの経験を将来に役立てたかったから
8 その他

図4−7 乗船動機

行きたい場所がいくつもあるというよりも、「とにかく地球一周をしたかった」という思いに近いのだと思う。クルーズ初日に、カイト（21歳、♂）が乗船の理由を「熱いことをしたかった。世界一周は熱い」と海に向かって叫んでいたのが象徴的だ。まあ、この気持ちわからないでもない。「世界一周」ってなんかすごいことをした気分になる。実際には船が勝手に世界を回ってくれるだけなのだけど。

退屈な日常を抜け出したい

「それまでの生活を抜け出したかったから」を乗船動機とした人も多い。

歯科衛生士をしていたアズサ（23歳、♀）は「ピースボートでは色々な人に会える。固定していた地元の人間関係が嫌だった」と語る。彼女は「いつも同じようなメンバーで、ブランドを見せ合うくだらないレースに参加」するような日常から抜け出したかったのだという。

看護師を休職して乗船しているリカコ（26歳、♀）は、「ピースボートに乗ったら何か変わるかも」という想いで乗船を決意した。「何となくこのまま人生が終わるのは嫌だなあと思って」と乗船動機を語る。20代後半から30歳前後の女性からよく聞いたのが、「今しかチャンスがないと思った」という言葉だ。アイカ（30歳、♀）が「結婚やキャリアを考えるとこれが最後のチャンスと思ったから」と語るように、30歳前後で結婚・出産というライフプランを漠然と持っている女性が多いためだろう。

ワーキングホリデーに参加する若者のボリュームゾーンの一つが元会社員の20代後半の女性であるように、「結婚・出産は30歳前後でするもの」という規範があると、どうしても長期の旅行に出かけるのは20代後半が最後のチャンスになってしまう。

「それまでの生活を抜け出したかったから」と答えたのは「学生」が一番多かった。「正社員」が31・1％、「非正規」が41・9％だった中、「学生」の割合が一番大きく53・3％にのぼる。ユウタ（19歳、♂）の「大学の雰囲気があわなかった。このままじゃまずい、何かを変えようと思った。とても生ぬるかったから」という言葉からは、今までの生活を抜け出し、自分を変えたいという想いが滲《にじ》む。

このまま人生終わったらつまんない

ああ、これって世間で言う「自分探し」だ。ブログの更新頻度がすごかった評論家の内田樹《たつる》（2007）は、若年層に流行する「自分探しの旅」を、見知らぬ場所で見知らぬ人に出会うことではなく、自分についてのそれまでの外部評価をリセットすることに目的があると推測する。

もし本当に自分が何者であるかを知りたいのであれば、見ず知らずの人ではなく、自分をよく知る両親などにロングインタビューをすればいい。そうではなくて今現在の環境における自分の外部評価に不満があるから、自分を誰も知らない場所を目指すというのだ。確かに。

大学を卒業したばかりのツヨシ（23歳、♂）に乗船動機を聞いた時、「就職活動の結果に納得がいかなかった」という言葉が開口一番に出てきた。「自分のやりたいことが何かわからなくなっちゃって」という彼は、その「うやむやした気持ちに整理をつけたい」のだという。外部評価のリセットを目指すという意味での「自分探し」の典型例ということができる。

大学生だったユウナ（20歳、♀）も、「面白いことしたいんだよね。このままで人生終わったらつまんないんだよね。逃亡して、うろうろしたい」というのが乗船動機だった。大学4年生のケン（22歳、♂）も、「何かを変えたい」という想いを率直に語る。

「乗ったのは、行き詰まってたから、そのきっかけとして……。将来何がしたいのか、このままフツーに大学を卒業してフツーに老いていくのかなって。ありきたりって言ったら何だけど、自分が本当に楽しめることって何だろうって探したくて」

「学生」は「それまでの生活を抜け出したかったから」の他に、「海外の自分の知らない生活様式や価値観を体験したかったから」を乗船動機とした人が相対的に多く、「正社員」は「行きたい場所やツアーがあったから」「船内で色々な人と知り合いたかったから」とした人が多かった。「非正規」は「学生」と傾向が似ており、「世界の様々なものを見てみたかったから」と答えた人の割合が多かった。「正社員」はピースボートを観光と考えていること、「学生」や「非正規」は、経験や「自分探し」と考えていることがわかる。

「世界」で「自分」を見つけたい

クルーズに何を期待しているかという設問には、「自分を見つめ直すこと」(64・2%)という回答が最も多く、それに「世界で何が起こっているのかを知ること」(47・5%)、「やりたいことを見つけること」(46・7%)、「海外に暮らす人びととの思いがけない出会いを得ること」(39・2%)が続いた(**図4-8**)。

特に「学生」と「非正規」で「海外に暮らす人びととの思いがけない出会い」「やりたいことを見つけること」を選択した人が多かった。彼らが「自分とは一体何者であるのか」という「自分探し」の途中であり、同時に「世界」にその答えを求めよう

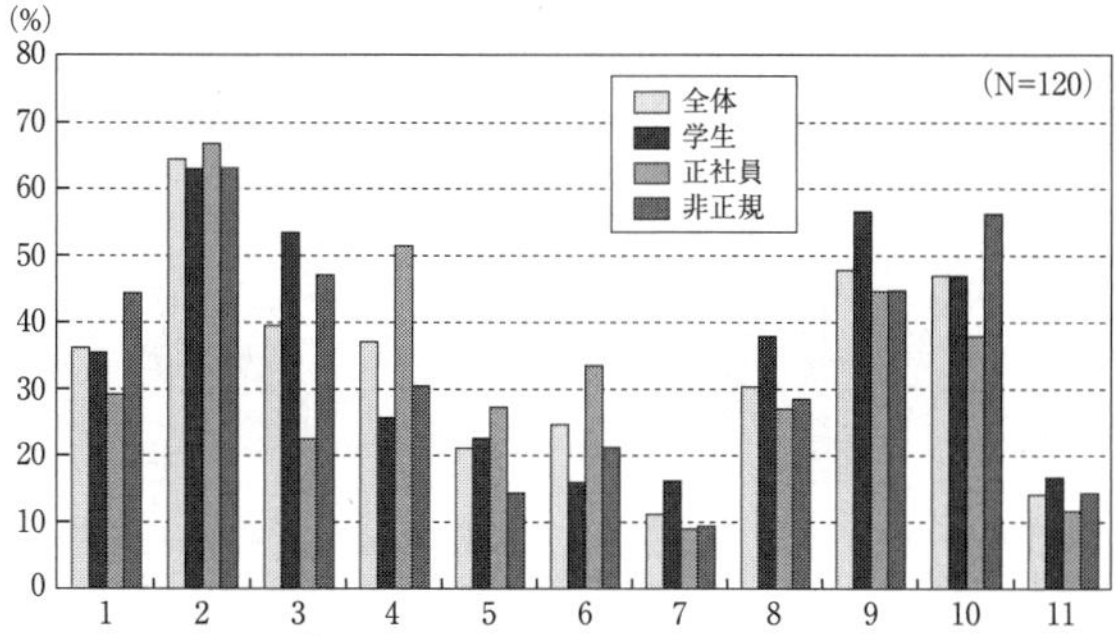

1　新しい生き方を手に入れること
2　自分を見つめ直すこと
3　海外に暮らす人びととの思いがけない出会いを得ること
4　心身共にリフレッシュすること
5　活力を蓄えること
6　のんびりと骨休めをすること
7　目的なく、ただ気晴らしをすること
8　語学力をつけること
9　世界で何が起こっているのかを知ること
10　やりたいことを見つけること
11　その他

図4−8　クルーズに期待していること

としていることを示唆するデータである。

サヤカ（21歳、♀）は乗船動機を、「死ぬ前にもっと色々なものを見て、学んでみたいと思った。自分を見つめ直してね、これからのこととかを考えるね。もともと、ピースボートに乗った理由も、そういうことを考えるためだった」と語る。仕事を辞めた時点ではピースボートに乗るつもりはなかったが、たまたま行った説明会で「世界の写真とかを見て、これは絶対自分で見たいなと思って」、乗船を決意したのだという。

「正社員」は「心身共にリフレッ

シュすること」「のんびりと骨休めをすること」をクルーズに期待している人が相対的に多く、やはり観光モードで乗船した人が多い。日本で忙しい生活を送っていた人の避難場所として、ピースボートが機能していることが想像できる。

4-4 現代的不幸と自分探しの幽霊船

ピースボートと現代的不幸

なぜ若者たちはピースボートに乗るのか。そして、どのような若者たちがピースボートに乗るのか。ここまでデータで明らかにしてきた答えに、「現代的不幸」という補助線を引いてこの章を終わりにしよう。

第2章では若者が旅に出る理由を、『1968』を書き上げて疲労困憊《こんぱい》の小熊英二による「現代的不幸」という概念を使って説明した。貧困などの「近代的不幸」ではなく、「閉塞感」や「空虚感」といった「現代的不幸」が、近代という時代が曲がり角を迎えた1970年頃から問題になり始める。

ピースボートに乗る若者たちが直面しているのも「近代的不幸」ではなく、まさに

現地の人との交流

「現代的不幸」と言えるだろう。彼らの多くは決して豊かな暮らしをしている訳ではないが、切実な貧困などの「近代的不幸」に苛《さいな》まれている訳でもない。彼らが「生きづらさ」を感じているのは、「専門学校を出て、働いているけど、このまま20代が終わっちゃうのが嫌だった」（コウジ、24歳、♂）というような「閉塞感」や「空虚感」である。

ちなみにこれは今回のクルーズに限った特徴ではない。たとえばピースボートが出版している書籍でも「銀行で2年間働いていたんですけど、すごく狭い世界なんです。このままこの世界しか知らずに生きていくことに閉塞感を感じていた」（ピースボート編　2007：185）と語る24歳の銀行員の声が寄せられている。

彼女は、ピースボートが「ありのままでいられる場」であると語る。会社では決まり事に縛《しば》られて自分を出すことができずに息苦しかったが、ピースボートに関わっている間は感情が素直に出せるようになったという。要するに、退屈な日常が続いていくことに「あきらめきれない」希望難民の若者たちがピースボートに乗るのだ。

自分探しの幽霊船

1960年代末の若者との違いは、自己の存在確認が政治運動ではなく、「地球一周」という「制度化」された「新・団体旅行」に向かったという点だ。しかし小熊によれば全共闘など若者たちの反乱も、「政治運動」として語られながら、実際には若者たちの「自己確認運動」や「表現行為」という側面が強かったという。要するに、学生運動は「自分探し」に過ぎなかったと言うのだ。当事者からはもの凄《すご》い批判を受けているが、適確だと思う。

一方で、ピースボートは「地球一周クルーズ」を入口としながら、その実体は反戦平和を訴える政治運動であるとも言える。つまり、両者の違いは、理念という「目的

洋上夏祭りでの早食い競争

性」や、その実現に向けた母体となる「共同性」があらかじめ構築され、「制度化」されたものに参入したかどうかの違いということになる。

1960年代の若者たちは、「現代的不幸」を自分たちが作り出す政治運動によって克服しようとした。それは当時が本格的な消費社会到来前だったからでもある。2000年代を生きる若者には、「現代的不幸」に対処するための処方箋が無数に用意されている。その一つが第2章で見たような「新・団体旅行」であり、「承認の共同体」としてのピースボートである。

自己のアイデンティティの確立のために、もはや自らの手で運動体を形成する必要はない。差し出すべき対価はポスターを貼る労働力を含めた200万円弱の旅行代金でいい。そうすれば、安全と安心を手放さずに「生きている実感」を得られる（であろう）世界一周クルーズに参加することができる。いい時代になったものだ。

さらに、ピースボートは第3章で確認したような様々な仕掛けで、ただの乗船者に「一緒に船を出している」という共催者意識まで与えてくれる。もはや現代においては「生きづらさ」の処方箋としての「承認の共同体」さえも、「商品化」されているのである。「新・団体旅行」が「自分探しの旅」の亡霊（第2章）ならば、ピースボートは「自分探しの幽霊船」と言うことができるだろう。

政治と「心」の問題

しかし疑問は残る。なぜピースボートなのか。いくら「現代的不幸」に直面しているからといっても、現代は1960年代とは比較にならないほど、レジャーはもちろん、他者とのコミュニケーションを容易にするSNSなどのメディアであふれている。また観光を選ぶにしても、ピースボートのような特定の政治的価値観を掲げるコミュニティに参加する必然性はない。ピースボートとの第一接触が「地球一周」という政治性のない純粋なツーリズムの観点から行われるものであった場合、反戦や護憲などピースボートの掲げる政治性は、若者にとって「邪魔」にはならないのだろうか。「世界一周したいだけなのに、9条とかマジうざい」と、なぜならないのか。

ここで再び疲労困憊の小熊英二に出てきてもらおう。小熊（2009）は、現代の日本で政治運動に若者が集まらないのは、「心」「生きてない実感」「アイデンティティ」といった問題を、社会や政治と切り離して論じる慣習や言説が浸透したためであると推測する。

1960年代当時は「心」の問題を政治や経済と切り離して論じる習慣がなかった。そうした時代の中で「心」や「アイデンティティ」の問題を考えようとすれば、どうしても「政治」の言葉で運動を起こすしかなかったというのである。

一方で現代では、「心」の問題を考えるための材料は、政治の外側に多く用意されている。たとえば本屋に行けば、いくらでも「心」を扱う本を見つけることができる。「癒し」「トラウマ」「ストレス」「心の闇」「メンタルヘルス」「自己啓発」。ちなみに小熊は橋爪大三郎が現代に生まれていたら、こういったメンタル系の書籍の語り方に没入していただろうと揶揄している。

本屋だけではない。凶悪犯罪が起きれば犯人の「心の闇」が語られ、浜崎あゆみやＣｏｃｃｏを語る時には常に「トラウマ」が付きまとい、学級崩壊が起きればＰＴＳ

DやADHDといった心理学用語がワイドショーでも語られる。社会のあらゆることが心理学の言葉で説明されてしまう状態を、売れっ子精神科医の斎藤環（2009）は「心理学化する社会」という言葉で表現する（＊15）。

「想い」が世界平和を実現する？

ピースボートの提供する言説は、この「心理学化する社会」にマッチしている。次の章でも見ていくように、ピースボートは平和や反戦といった運動の目的を「想い」に還元する傾向がある。

ピースボートが最も大切にするもの、それは「想い」だ。当然だが船で世界一周をしたからといって、平和が自動的に実現される訳ではない。ではなぜピースボートが船を出すのかと言えば、世界を知り、平和への想いを世界中の人びとと分け合うためである。

その時に重要になるのは「想い」だ。「世界を平和にする」という「想い」がなくては、あらゆる平和運動は成立しない。だからまず「想い」を持たなくてはいけない、というのがピースボートのロジックであり、多くの若者から聞かれた声だ。

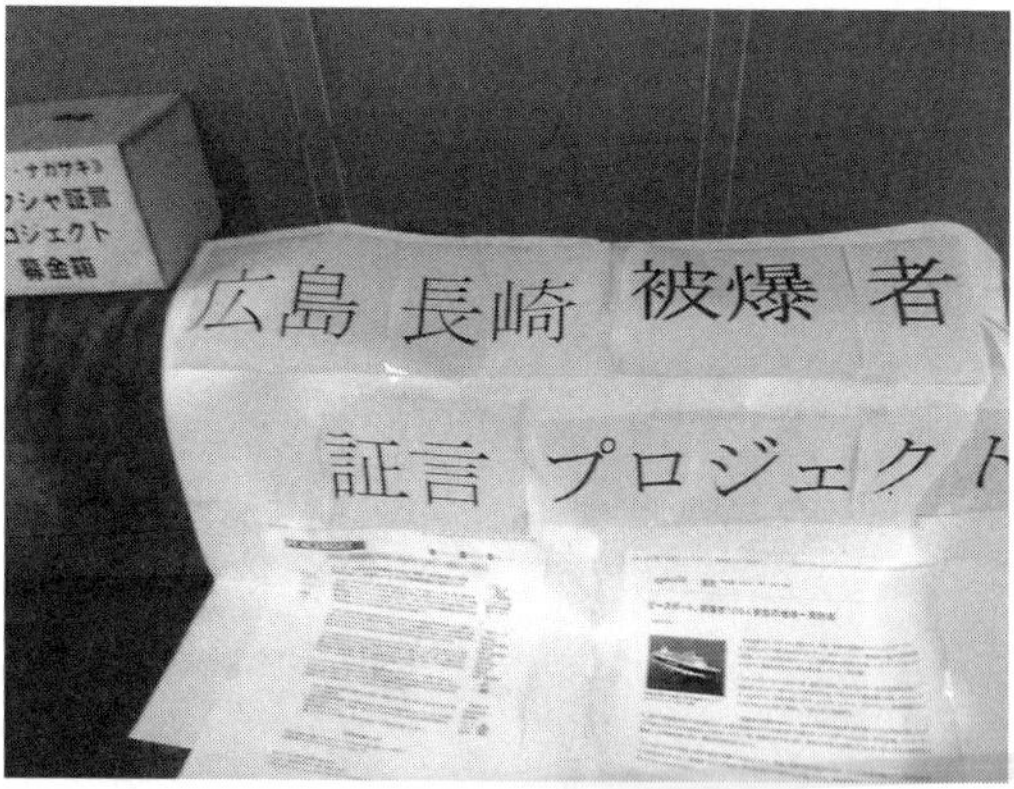

広島・長崎に関するプロジェクト

そう、ピースボートの特徴は、「心」や「アイデンティティ」という問題が無理のない形態で、平和や反戦といった政治問題に接続されている点にある。「想い」によって社会の変革を実現しようとする思考は、若者にも多く支持されている「ポップ心理学」(なんちゃって心理学)やネットワークビジネス、自己啓発セミナーの発するメッセージとも極めて近い。

「ポップ心理学」、自己啓発本、ネットワークビジネス、乱暴にまとめるとその根底にある思想は全て一緒だ。一言で言ってしまえば「思考は現実化する」「自分を変えれば世界も変わる」。つまり、何事も前向きに考え、成功することを願えば成功は訪れるというポジティヴ・シンキングである(小池 2007)。

この「思考は現実化する」という、社会構造や環境の変革を自己啓発に求める発想方法は、「世界平和」を具体的な手段によって実現する前に、「想い」という個人の問題に還元するピースボートに極めて近いと言えるだろう。

若者たちにとって、ピースボートの掲げる政治的理念と、「ポップ心理学」や自己啓発本の提供する言説資源に大きな違いはない。「現代的不幸」の受け皿として、両者の果たす役割にも大きな違いはない。むしろこの両者の親和性こそが、ピースボートが政治的理念を掲げながらも、多くの若者から支持されている理由だと考えることができる。

第5章

ルポ・ピースボート

フィリピン人クルー

本章では若者を「セカイ型」「文化祭型」「自分探し型」「観光型」という4つのタイプに分けた後で、実際にクルーズ中に何が起こったのかを見ていく。日常の閉塞感から船に乗り込んだ若者たちを待ち受けていたのは、船のトラブルと怒れる年配者たちだった。エンジンが壊れ、船に穴があき、年配者がピースボートへ抗議するための集会を開く中で、若者たちが取った行動とは。

ちっとも平和じゃない船内で、平和の船が辿《たど》った114日間の旅を疑似体験していただこう。

5-1　セカイ型・文化祭型・自分探し型・観光型

若者を4タイプに分ける

第4章ではピースボートに乗る若者の共通性に重点を置いて議論してきた。しかし全ての乗船者は「ピースボートによって世界一周をする」という「目的」は共有しているが、その乗船動機は様々であり、全ての若者がピースボート運営者の期待する理念に賛同している訳ではない。ピーセンに行っていない若者もいる中で、クルーズとしてのピースボートに一枚岩《いちまいいわ》的な共同体を想定することは難しい。

そこで第1章で準備した「共同性」と「目的性」という2軸を使って、若者たちを4タイプに分類する。ここでの「共同性」は、「ピースボートの雰囲気に馴染めているかどうか」を意味する。運動会や夏祭りという船内イベントへの参加度、友人の多さなどと近似《きんじ》し、ピースボート特有のお祭り騒ぎに参加しているかどうかで分類した。

ピースボートの掲げる理念に共鳴しているかどうかは「目的性」という軸で分類する。ここではピースボートの政治的理念に対する指標となるので、特に「政治性」と呼ぶ。憲法9条の堅持、パレスチナ難民問題など、ピースボートの関わる活動や思想への共感などにより測定する(＊16)。ただし、4つの類型はあくまでも理念型であり、実際には二つのタイプの中間みたいな人もいるし、クルーズ中にタイプが変わることもあり得る。

ちょっと堅い話になってしまったが、要するに図で表すと**図5-1**のようになる。フィールドノートに基礎データが確認できた127人の分類を行った結果、「セカイ型」が37人、「文化祭型」が23人、「自分探し型」が27人、「観光型」が40人だった。

4類型を、前章で乗船前の社会的地位の区分に用いた「正社員」「非正規」「学生」

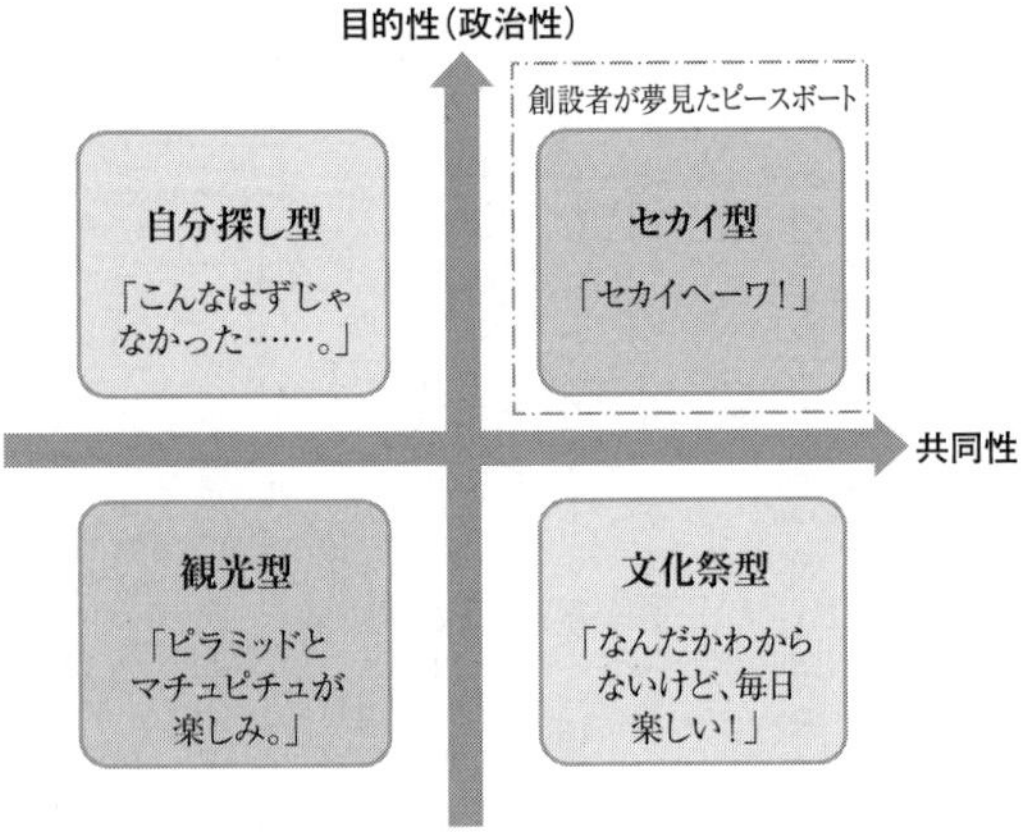

図5−1　乗船者の4類型

と対応させると**表5‐1**のようになる。4類型に区分したのは127人だが、そのうち職業を聞いた前期の調査票にも回答していた112人を対象とした。

学生には特に「セカイ型」が多く、逆に「観光型」は少ない。一方、「正社員」は約半数が「観光型」であり、他の類型に分類される人は多くない。「非正規」は類型の人数に偏りはあまりないが、「観光型」の割合が他の区分よりもやや多い。

セカイ型の若者たち

ピースボートの提供する空間に深くコミットし、ピースボートの掲げる政治性にも共鳴しているタイプを「セカイ型」

度数（人） 全体（%）	セカイ型	文化祭型	自分探し型	観光型	計
学　生	21	5	9	4	39
	18.75	4.46	8.04	3.57	34.82
正社員	6	7	6	17	36
	5.36	6.25	5.36	15.18	32.14
非正規	6	10	10	11	37
	5.36	8.93	8.93	9.82	33.04
計	33	22	25	32	112
	29.46	19.64	22.32	28.57	

(N=112)

表5-1　4類型と職業区分の対応関係（P＜0.001）

と呼ぶことにする。「セカイ型」は第4章で確認したようなピースボート的価値観を最も内面化している。素朴にピースボートの理念を信じ、素朴に「世界平和」を求めていることが多い。典型的なのは、9条ダンスを踊る若者たちだ。

9条ダンスに熱心に参加するユウスケ（19歳、♂）は「世界を変える」ことが夢だと語る。彼は世界平和、環境問題に強い興味があり、帰国後はピースボートで学んだことを日本中に伝えたいのだという。同じく9条ダンスメンバーのヒロ（27歳、♂）は、自分たちの船内での活動を振り返って「自分が変われば全てが変わる」と語った。彼は「自分の変化が隣の人に伝わり、それが10人へ広がり、それが世界へ広がる。日本、世界を変えたい」とクルーズを通して強く思ったという。セカイ型に共通するのは、「世界」

洋上夏祭り

や「平和」という概念を通じて、承認を獲得しているという点だ。

文化祭型の若者たち

セカイ型と同じくピースボートの共同性にはコミットするが、憲法9条の堅持などピースボートの掲げる理念には特に興味を持たないタイプを「文化祭型」と呼ぶ。政治的なものに対する興味関心は薄いが、ピースボートの雰囲気や活動に対しては好意的である。彼らは、運動会やファッションショーなどの船内イベントなどにも積極的に参加する。

ミカ（19歳、♀）はピースボートを「なんだかよくわからないけど、毎日楽しい」空間だと形容する。彼女は9条ダンスにも参加しているが、理由は純粋にダイエット目的だ。「太ってやべーって思って。9条に想いは何もない」と笑う。そのため、勉強会などには興味を示さない。彼らにとっては、ピースボート共同体でのコミュニケーションそのものが、承認のリソースなのである。

自分探し型の若者たち

ピースボートの政治的理念には共感するが、ピースボートの共同性にはコミットしないのが「自分探し型」である。彼らは、平和問題や環境問題に対する興味はあるが、それを「セカイ型」のように9条ダンスという形で表現することには躊躇《ため》いを感じる。クルーズ後半には政治性への興味を表明することも減少し、固定的な人間関係の中に引きこもってしまうことも少なくない。

マリカ（23歳、♀）はヨルダン難民キャンプへのホームステイツアーのためピースボートに乗船した。日本で貧困関係のボランティア活動をしていた彼女は、自分たちが難民キャンプを訪れたところで現地の構造が何も変わりはしないということに自覚的であり、それを知った上で自分には何ができるのかということを常に自問自答していた。また、そのことを他のパッセンジャーにも伝えようと自主企画も開こうとした。

しかし、船内トラブルなどが重なりピースボート共同体から距離を置くようになっていく。出港後数週間目で既に「私は早く現実と向き合いたい。もういいかみたいな」とつぶやくようになっていた。

観光型の若者たち

ピースボートの共同性にもコミットせず、政治的理念にも共感しないのが「観光型」である。もともと旅行好きなことも多く、ピーセンへ行ったことがない人が多い。ただし「自分探し型」よりも、友人付き合いは活発なことも多く、興味のあるイベントには参加する。ピースボートの共同性にも価値観にも染まっていないから、ピースボート内の出来事を斜めから眺めている点で「観察型」とも言える。

海外の世界遺産を訪れるためにピースボートへ乗船した元公務員のサトシ（21歳、♂）は、船内の雰囲気への違和感を率直に語る。

「こんな中学生ノリとは思わなかった。あだ名とかタメ口とか無理ですね。船内活動にも全く興味ないし。ここまで暇だとむなしいかなっていう。自分で（観光地に）行けば良かったかなって思います」

5-2　船に穴、怒る老人、泣く若者

トラブル続きのクルーズ

ピースボートは安価なだけあって、よく廃船寸前の船をチャーターしてくる。今回も、出港から1カ月も経《た》たずしてエンジンが壊れ、スケジュールが大幅にずれ込んだ。船内でも漏電、水没、エレベーター故障などの事故がクルーズ期間を通して相次いだ。さらに7月には船体に穴があき、アメリカの湾岸警備隊にニューヨークで拿捕され、船の修理が終わるまでアメリカからの出国を許されなかった。

こんなトラブル続きのクルーズで若者たちはどのような行動を取ったのかを見ていくことにしよう。

エンジンが壊れる

62回クルーズは、はじめから順風満帆な航海ではなかった。横浜を出港した5月の時点で、船内の多くの箇所が工事中であり、「シャワーのお湯が出ない」「ランドリーサービスでの紛失が多い」「国際電話が全く通じない」「レセプションでの対応がおざなりすぎる」という苦情が年配客を中心に出されていた。苦情というか、全て実際に起こった出来事である。

それに追い打ちをかけるように起こったのがエンジントラブルによる旅行日程の遅延だ。6月2日に中東の国オマーンへの寄港が1日遅れ、滞在時間が短縮された時から僕たちの受難の旅は始まった。当初は軽微なエンジントラブルと発表されていたが、オマーンを出港後、緊急の船内集会が開かれ「事態はさらに深刻」という内容が旅行会社ジャパングレイスより告げられた。会場はどよめく。

船長の説明によると、クリッパー・パシフィック号には4機のエンジンがあるが、現在1機が故障しているため3機で航行しているのだという。さらに、海水の温度が高いこと、向かい風であること、波が高い海域であることなど、悪条件が重なっており、次の寄港地への寄港が1日遅れることが発表された。

「パパ、ママ、けんかしないで」

年配者を中心にピースボートへの不満が高まる中、動き出したのがピースボートの信奉者である「セカイ型」の若者たちだ。6月3日に「セカイ型」の若者の中心人物であるジュン（20歳、♂）という青年によって、ある署名活動が始まった。それは一連のエンジントラブルを受けたもので、「年配の人は文句を言うが、若者は船と協力して盛り上げていこう」という趣旨の署名だという。

オマーンへの寄港が遅れた6月2日の夜に約40人の若者が集まり、船の今後について話し合いを持ち、要望書を作成した。要望書では「私たちは今回のトラブルについては、理解しようという姿勢でおりますが、出航から現在までの状況も含め、不満を持っている人がいることも事実です」として、情報公開と乗客の意見収集方法の確立を求めている。具体的には「船内のボランティア、口コミを利用する」「目安箱の設置」などの提案がなされている。

そして署名の最後は、以下のように結ばれていた。

私たちは、あなたたち（船会社、ジャパングレイス、ピースボートという場）に守られている子どもです

まるで私たちは今、夫婦げんかを見ているようでとても悲しいです。

幸せな家族になれるように、私たちに出来る事はしていきたい。だからパパ、ママ、けんかしないで

なぜなら、この家の名前は「平和」だから――!!

彼らは、自分たちを「子ども」にたとえ、ピースボートや船会社を「親」にたとえる。「一方的な要求ではなく、そのために自分たちができることがあればしたい」とジュンは語る。署名は、若者を中心に100近く集まり、6月4日にレセプションへ提出された。この署名には「セカイ型」の多くが賛同し、「文化祭型」も「セカイ型」の行動に協力的だった。一方で、「観光型」はこの署名活動に冷ややかな目線を送る。「観光型」のマサミツ（21歳、♂）やミツヨ（20歳、♀）はジュンたちの署名を「とても浅はか」で「本質とはずれたもの」と評価していた。とはいえ、その「浅はか」な「セカイ型」の行動や、エンジントラブルというハプニングを彼らは楽しんでいるようだ。

一方で「自分探し型」は、この頃からピースボートへの距離を取り始めるようになる。パレスチナ難民キャンプツアーがエンジントラブルのため、2日間から1日に短縮され、ホームステイという企画自体がなくなってしまったことに対して、マリカ(23歳、♀)は「信じられない」と脱力したように語っていた。

6月後半には、部屋の浸水やエレベーターの故障など船内トラブルは引き続き多発していたものの、エンジンの復旧は完了したと発表された。またニューヨークのリッツカールトンのスイートルーム宿泊券が当たるビンゴ大会なども開催され、船中の雰囲気もアメリカへ向けて盛り上がりつつあった。このまま世界一周の旅も平穏に終わるのだろうと誰もが信じかけていた。

船に穴があいた！

アメリカ滞在2日目となる7月14日の夕方。本来なら出港しているはずの時間に船内放送が入った。アメリカの湾岸警備隊の安全基準を満たせていなかったため、船の出港が認められなかったというのだ。ピースボートによる緊急の説明会が開かれたが、肝心のなぜ出港を差し止められているのかという点は解説されない。船会社が具体的な理由を一切明かさないのだという。

いつものように質問時間には年配者からの抗議が殺到する。「あなた様の話を聞いていると自分のこととは思えないんですよね。船をチャーターした責任、それはあなたにあるんじゃないですか」と抗議する年配女性に、遠くから若者たちが「怖いよね」と囁《ささや》きあっている。

一方、「自分探し型」の一部を除いた多くの若者が、滞在時間の延びたニューヨークにはしゃいでいる。ナナ（20歳、♀）は携帯電話を片手に「今日クラブとか行く？」と、早速相談を始めていた。相手はおそらく船内の誰かだろう。今、アメリカに滞在中のため電話がつながるのだ。航海中、携帯電話は使用できないのだが、電波があれば彼らはすぐ携帯のある日常に戻れるらしい。

誰とどこへ行こうか舷門《げんもん》（船の出入り口）でもあるレセプション前が賑《にぎ》わっている。そう、何と言ってもニューヨーク。ブロードウェイのミュージカルはもちろん、ハーレムでジャズバーに行くのもいいし、エンパイアステートビルで夜景を見るという選択肢もある。船が立ち往生したのがニューヨークで本当に良かった。

船は魔法の国へ

ニューヨーク滞在4日目の7月16日、ようやく出港の目処が立った。17日に船をフロリダのタンパへ向けて出港させ、そこでドライドックを行って船の総点検を行うのだという。フロリダは当初全く予定になかった寄港地なのだが、説明会会場からは歓声や拍手が響く。なぜって、フロリダには、あのディズニーワールドがある。「自分探し型」以外は、フロリダ寄港に浮き足立っているようだ。「観光型」のエリ（24歳、♀）は、早速誰とどのテーマパークを巡ろうか計画を立て始める。

フロリダへの緊急寄港という発表と同時に、船会社より、船体にほんの小さな穴があいていること、湾岸警備隊の検査で船体に少なくとも60以上に及ぶ安全性の問題が発見されたことが知らされた。年配者を中心に抗議や質問が相次いだが、多くの若者の興味はフロリダへすっかり移ってしまっているようだ。こうして、船に穴があいているという重大事実はフロリダにかき消された。さすがディズニー、魔法の力はピースボートにも届いた。

7月21日の夕方、予定よりも早く船はフロリダのタンパへ到着した。ここでツアーを申し込んだ約600人はディズニーワールドのあるオーランドへと向かうことになる。

ツアー内容はスワンアンドドルフィンというディズニーの経営するホテルで2泊。そこまでのバスの送迎も込みで1万円という、旅行会社の「謝罪」の気持ちが伝わってくる価格設定だ。そのためかツアー説明会でも、いつものように怒る人を見かけることはなかった。

オーランドへ行かない人は、タンパのホテルに宿泊となる。タンパ滞在の場合は、ホテル代に加えて3食の食事もフリーで提供される。「もうお金がない」と言ってタンパ滞在を選んだ若者たちも多かった。出航予定日は3日後の23日。

フロリダで引きこもる若者たち

7月23日。しかし、船は出港できなかった。オーランドへ向かった乗客もタンパへと戻り、タンパ滞在組とホテルで合流する。出港ができるかどうかは翌朝に掲示するという。

だが、船は次の日も、その次の日も出港できなかった。ついには、自主企画やミニツアーがホテルでも始まった。ロビーに設置されたボードへ自主企画をしたい人が自由に企画を貼れるようになっていて、「9条ダンス練習」や「ベリーダンス」などい

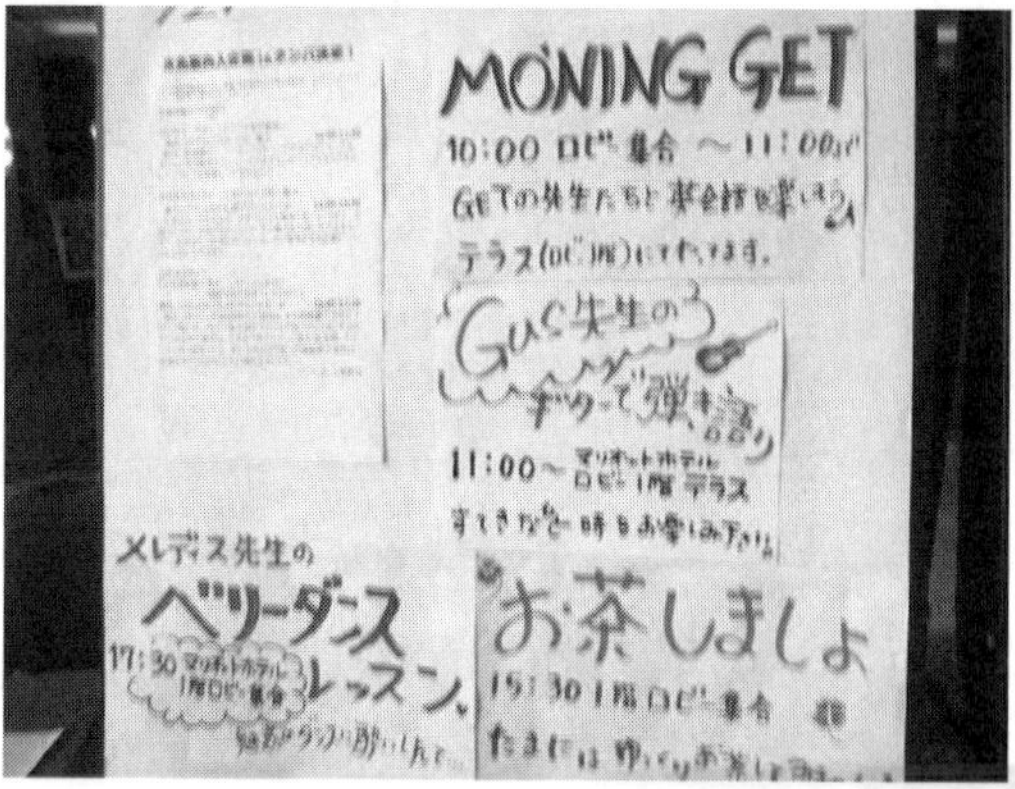

タンパのホテルでも設置された自主企画ボード

くつかの企画が実際に開催されていた。フロリダに来てまで自主企画とはさすがピースボートである。

ただし、タンパではホテルに引きこもっていた若者も多い。一番多く聞くのは、「朝まで友だちの部屋でお酒を飲んでて、そのあとは部屋で夕方まで寝てた」（サトキ、22歳、♂）というパターンだ。彼はディズニーワールドから帰ってきた後、「4日目、5日目、6日目はずっとホテル。ご飯、インターネット、寝るくらいしかしてないね」という。ケン（22歳、♂）も「ほとんどホテルにいましたね。なんか面倒くさくなったっていうか。疲れたっていうか。ホテルで友だちとトランプしたりして」という典型的な引きこもり生活を送る。

ピースボート船内と同じ感覚でホテル生活をしていた人も少なくない。ホテル内はフリードリンクでアルコールなども提供されていたのだが、制限なくアルコールを何杯も飲んで泥酔している「セカイ型」や「文化祭型」の姿をよく見かけた。

ホテルの廊下に寝転がったり、大声でプールで叫んだり、互いの水着を取り合って遊んだり、部屋の椅子を廊下へ出したり、ロビーに飾ってあるフルーツをポケットへ入れたり、ロビーで集団で騒いだり。

一緒にいるメンバーは同じだから、ピースボート船内と変わらない感覚で過ごすことができるのだろう。後述するように、世界が背景に過ぎない彼らにとって、仲間たちとの共同性が維持されていれば、場所がどこであろうと同じようなふるまいをすることができるのだ。まあ、「旅の恥はかき捨て」は日本の「伝統」だから仕方ない。

新聞にも載りました

この突然のタンパ滞在は地元紙にもカラーで大きく取り上げられた。なにせ1000人近い日本人がいきなり夏のタンパにやって来るというのである。『Tampa Bay』紙（2008年7月25日付）では、マリオットホテルのマネージャーが「180から500の部屋を用意できるか」と突然電話で聞かれ、驚いた話などが紹介されている。マリオットの収益だけでも10万ドル以上にも及び、また地元寿司屋にも大量の日本人客が訪れているといい、タンパが予期せぬ日本バブルに沸き立つ様子が記されている。

ちなみにニューヨーク滞在時にもピースボートは7月16日付の『Bloomberg』、7月17日付の『New York Times』に掲載された。湾岸警備隊の検査で救命ボートの安全性に問題があるとの指摘が入ったなど、乗客も知らされていない情報も載っていた。ちなみに『New York Times』では、「平和や人権を促進するために世界を回る」はずのピースボートの乗客たちが、滞在の延びたニューヨークに浮かれる姿が皮肉混じりに書かれていた。

隠し球は花火

船の出港が決まったのは7月28日の夕方だった。出港決定のアナウンスに拍手と歓声が「セカイ型」の若者中心に巻き起こる。涙を流す人までいた。長い出国検査の列を抜けて、乗客が船に戻ったのは深夜になってからだ。久しぶりの船、クルーたちが笑顔で歓迎してくれる。

だが、その後もクルーズは順調に進んだとはいえない。水を十分に積み込めなかったため8月10日には急遽メキシコの都市に停泊、8月16日にはバンクーバーでも出航が遅れた。アラスカでも湾岸警備隊の調査により1日のみの停泊予定が3日に延長された。この頃になると乗客も慣れたものである。船内放送で緊急停泊が発表されても「またか」という雰囲気が流れる。日本への帰国が当初の8月25日より約10日遅れて9月4日になることも発表され、早期帰国を希望する場合は途中のバンクーバーから帰国できることになった。

メキシコのアカプルコを離れる時、港から大きな花火が打ち上げられた。実は、この花火、何かトラブルが起こった時、ピースボートがビンゴ大会と共によく行う「隠し球」の一つである。「花火をやると雰囲気が変わるんです。あれはやって良かったと思ってます」とあるスタッフが語るように、花火は明確な意志を持って臨時に企画された。

8月4日には旅行会社ジャパングレイスの社長が顧問弁護士と共に乗船し、船内で釈明会見が開かれた。「正直予想だにしなかった事態だけに、私としても信じられない」と一連のトラブルは自分たちではなく船会社の責任であると強調し、「約款上、ジャパングレイスに責任はない」という態度を明確にした。クルーズの遅れによって補償

タンパのホテルのロビーで出港を待つ年配者たち

金が出ることを期待していた「文化祭型」や「観光型」が落胆する一方、「自分探し型」はバンクーバーでの帰国を考え始める人が多かった。

怒れる老人たち

このジャパングレイスの対応に対して積極的に抗議活動に乗り出したのは有志4人を中心とする年配者グループだ。実は彼らは6月の船体トラブルが相次いだ時から、何度も船内集会を開き、ピースボートの責任を問い続けていた。そう、彼らは学生運動世代なのである。

バンクーバー寄港時の夜、部屋へ戻るとA3判の用紙が挟まっていた。有志4人による「(株) ジャパン・グレイスの『道義的責任』を」というアンケートペーパーだ。「ジャパン・グレイスの『道義的責任』をはっきりさせたい」「ピースボートの世界一周企画は継続を希望するが、この不具合箇所発生原因の除去を強く求めたい」という有志の立場が述べられている。

そして後半は、乗客にアンケートを求める形式になっており、「個人として訴訟する」「グループとして訴訟に参加する（法廷闘争の場合、弁護士費用等発生するが、相応の負担をしたい)」「(道義的責任を）はっきりさせたい（ただし、金銭的な補償は求めない)」「責任とともに補償を求める」「特にアクションをとらない方向(このままそっとしておきたい)」から選択式で今後の対応を尋ねている。

さらに、「追記」として、このアンケート用紙をピースボートセンターに印刷依頼をしたところ拒否された旨が記載されていた。コピーカードを買えば誰でも使えるはずのコピー機を使おうとした際も、紙の提供を受けることができなかったという。さらにピースボートスタッフとジャパングレイス社員の間でシフトが組まれ、コピー機の前でTさんたちが勝手にアンケートを印刷しないように「検閲」も開始された(＊17)。そのため、寄港地であるバンクーバーでアンケートを印刷したのだという。

このアンケートをもとに有志4人は8月25日に「正式要望書」と「付属書」をジャ

パングレイスに提出した。基本的立場としてピースボートの理念を認め、今後のクルーズ継続を強く望むが、現在の対応には満足できないという内容だった。やっぱり、花火は焼け石に水だったみたい。

立ち上がる「セカイ型」

この年配者たちの行動に拒否反応を示したのが「セカイ型」の若者たちだ。8月26日には、有志代表であるTさんを呼んでタツヤ（19歳、♂）たちが自主企画を開いた。アンケートを配布したり、要望書を提出したり、ピースボートとジャパングレイスに対して意見を提出しているTさんを数人の若者が問い詰めるという趣旨だ。タツヤは、イベントを行う気持ちを以下のように語る。

「スタッフからもバンクーバーで帰った人が裁判の準備をしてるって聞いた。乗りかかった船っていうやん。なのに、なんで裁判までしようとするのか意味がわからない。彼らは悪影響でしょ。あの（アンケートの）内容じゃ、みんなの意見を汲み取れない。俺たちはそもそもどうでもいいっていう立場なのに。僕たち純粋に船に乗っている若者がいることを忘れないで下さいっていうことを伝えたくて、イベントをする。本当に自分たちを巻き込むのはやめて欲しい」

彼らはこれ以上Tさんが船内で様々な活動をすることが、気にくわないようだ。楽しいはずの船内生活、素晴らしいはずのピースボートを乱してまで、訴訟の話をするのは「やりすぎ」だし、「おかしい」。「自分たち若者」と「彼ら」は違うのだという。

企画には80人程度の若者が集まった。主催者たちの趣旨に賛同する「セカイ型」、理解を示す「文化祭型」、その様子を見物に来た「観光型」だ。はじめにタツヤがTさんにアンケートの趣旨などを聞いた後、マイクは会場に回された。会場から出た主な意見はTさんに対して批判的なものばかりだ。「セカイ型」のシズカ（23歳、♀）はTさんたちの行動に対して、率直な不快感を表明する。

「私は船の整備の悪さとか、確かにおっしゃるとおりにやらなきゃいけないことだと思うんですよ。でもスケジュール変更があったりとか、トラブルとか、それをポジティヴにとらえてきました。この船降りたときに楽しかったなって言いたいんですよ。そういう船をもっと盛り上げたいな、楽しみたいなって思っているんです。お金とかいいから、とにかく楽しみたいって思っていて。だから正直、アンケートは見て、不快になりました」

「年配の人はかっこ悪いです」

「セカイ型」だけではなく、「文化祭型」もTさんに批判の言葉を投げかける。ヒロシ（25歳、♂）はエンターテインメント系のイベントを主催するグループの一人だが、ピースボートというプラットホームに異議を申し立てるTさんを許すことはできないようだ。

「若い人はみんな楽しんでいるなと思います。その上で、水が出ないとか、寄港地が遅れたりしてちくちく言っているのは、若者がせっかく船を盛り上げようとしている中で、年配の人が足を引っ張っているのはかっこ悪いです。それもふまえた上で楽しかったって言えた方がいい思い出になるんじゃないかって思います。結局損害賠償などをしたら、本当にピースボート、ジャパングレイスは潰れたりしてしまうんじゃないですか」

企画で発言した若者たちの意見は、総じてアンケートを配布したこと、損害賠償を考えていることに対しての不快感を表明したものであった（＊18）。「お金に代え難い経験」や「楽しみ」を与えてくれるピースボート、そしてそれを盛り上げようとする若者たち。「セカイ型」や「文化祭型」の彼らにとって、年配者は「足を引っ張っている」ように見えるのである。

イベントと前後して若者に行ったインタビューでは、「セカイ型」と「文化祭型」を中心にTさんたちが全キャビンにアンケートを投函したという事実を問題にする若者が多かった。エイタ（25歳、♂）のように、部屋に入ったアンケートを見た瞬間に「うぜー」と破り捨ててしまった人もいる。彼と同室のタケル（27歳、♂）も「アンケートを部屋に入れられるのは不快だった」として、「興味のある人だけが見られるようにして欲しかった」という。

またTさんたちがピースボート側からコピーを拒否されたことに関しても、アヤ（20歳、♀）は「当たり前」という。「ピースボート関係のものじゃないんだから。コピーできませんと言われてあきらめないのはおかしい」というのが理由だ。同じようにヒトミ（23歳、♀）もピースボート側の肩を持つ。「だって自分の会社のマイナスイメージのものを出されるんでしょ。紙がもったいないじゃない」とTさんたちへの嫌悪感を隠さない。

冷めた「自分探し型」とプロレス気分の「観光型」

「自分探し型」はこの騒動から一定の距離を置いて眺めていることが多かった。カズトシ（21歳、♂）など音楽活動をしているグループがその活動に相変わらず熱中していたように、彼らは自分たちの船内でのライフスタイルを崩さない。また、若者側と年配者側のどちらに正当性があるかということにも、意見を表明しない人が多かった。

一方で「観光型」はタツヤの開く自主企画にも積極的に参加して、プロレス気分で両者の言い合いを楽しむ。イベントで発言こそはしないが、マサミツ（21歳、♂）のように「みんなバカなこと言ってるなと思って」とシニックな立場を取るか、「Tさんたちの言うことが通ったらお金戻ってくるのかな」と期待するアズサ（23歳、♀）のように、事態のなりゆき自体には無関心ではない。

Tさんたちがジャパングレイスへ提出した要望書の返答は、8月27日の夕方にあった。要望書の内容を受け入れられないということが口頭で告げられ、同時に、「顧客本位の視点を欠いているというのは事実誤認であり、名誉毀損《きそん》である。会社に対して敵対的な行為と見なす」と通告された。さらに「今後乗船を希望されても乗船を拒否します。あなた方4名にはタンパでのホテル代を立て替えている分も請求します」ということもあわせて伝えられた。

このことは8月29日の朝に開かれた船上討論会でTさんたちによって報告された。そして、Tさんは討論会へ集まった約200人の聴衆へ向けてある呼びかけを行った。「午後の1時半、納得できない方と一緒にレセプション前に行きます。平和的な話し合いを求めて、レセプションへ行きます」。おお、決起宣言。

怒る老人、泣く若者

いよいよクルーズのクライマックスである。もしも映像作品なら、ここで中島みゆきの「世情」が流れるはずだ。Tさんの呼びかけに対して、ピースボート船内はどうなったのか。せっかくなので当日のフィールドノートから抜粋してみよう。

船の中央に位置するレセプション前。それは横浜帰港まで5日に迫った、ごく普通の穏やかな昼下がりのはずだった。ソファーで談笑する若者、通路を行き交うスタッフやパッセンジャーたち。午後1時半。年配層の乗客たちがレセプションの周辺へ集まり始めた。その数は瞬《また》く間に100人を超えてしまう。

年配者と若者が半々という人数構成。輪の中心にいるのは60歳以上の年配者が中心だ。人の輪の中心には4人の人物がいる。NGOピースボートの代表者、旅行会社ジャパングレイス代表者、ピースボート側のクルーズディレクター、そして有志代表のTさんだ。

「健康をたくさん害されているんですよ。あなたたちはどう思いますか。アンケートを読むと普段元気な人が喉《のど》を壊したり」とTさんが穏やかな口調で話しかける。「これ以上お話し合いをすることはない。特にTさんに関してはお話をすることが出来ないと思っている」と答えるピースボート側。両者の話し合いは続く。それを多くの乗客たちが見守っている。ピースボート側のスタッフも何人も集まってくる。

一人の若者が声を発した。有志代表の男性へ向けて、だ。「本当にあなたはピースボートやジャパングレイスのためにやっているんですか」。タツヤ（19歳、♂）が泣きそうになりながら声を絞《しぼ》り出す。彼だけではない。周囲を見渡すと泣いて

いる若者の姿を何人も見つけることが出来る。（２００８年8月29日 フィールドノートより抜粋）

感覚でつながる若者たち――「異質なもの」への弱さ

Tさんの呼びかけに応えて100人近い年配者たちがレセプション前に集まった。その様子を心配そうに眺める「セカイ型」の若者たちや、ピースボートの若手スタッフたちも50人ほどいる。発言したタツヤだけではなく、アヤ（20歳、♀）など「セカイ型」の若者が泣きながらTさんとピースボート側のやり取りを眺めている。

しかし彼らはTさんに怒りの言葉を投げかけはせず泣いてしまう。それは6月にジュン（20歳、♂）が呼びかけた「なぜみんな仲良くできないの」という署名を思い出させる。乗客の具体的な不満や船内の不備状況を把握し、ジャパングレイス側に環境の改善を迫るTさんたち学生運動世代の年配者とは対照的である。

「セカイ型」の若者に共通するのは、「異質なもの」に対する耐性の弱さである。自分たちが帰属感を抱くピースボートへ異議を唱えるTさんたちに拒否感を示し、自分たちの部屋に「勝手に」入れられたアンケートを拒絶する。なぜ若者たちはこれほどに「異質なもの」を嫌悪するのだろうか。それは、彼らが論理や言葉ではなく「感覚」によって共同性を構築しているためかも知れない。

「セカイ型」の若者たちは「憲法を守ろう」と踊りながら、Tさんたちにコピー機を使わせないピースボートに疑問を抱かず、むしろTさんたちに嫌悪感を抱く。それは自分たちの「感覚の共同体」を侵されたという意識を持つからと考えることができる。論理や言葉ではなく「感覚」でつながった関係性は、いくら強固に見えても不安定で脆弱《ぜいじゃく》なつながりである（Sennett 1976=1991、土井 2003）。なぜなら言語的な観念を媒介しておらず、内発的な衝動や感覚に基づいた関係には、演技空間という弛《し》緩《かん》地帯が存在しないからだ。

だから自分のふるまいに対して非難が加えられるとそれは儀礼的な意味を一切持たずに、存在それ自体の否定と感じてしまう。ピースボートに同一化している彼らにとって、Tさんたちの抗議は、自分たちが否定されたのと同じ意味を持ってしまったのではないだろうか。

立ち上がる「観光型」、クルーズの終わり

この年配者と若者の対立には、続きがある。ちょっといい話なので書いておこう。今までピースボートの「政治性」や「共同性」から距離を置いてきた「観光型」の中に、両者の調停を図った若者たちがいたのだ。ヨウコ（22歳、♀）やユカリ（22歳、♀）は8月29日に、年配者と若者の「誤解」を解き、「世代や立場を問わず、一度フラットな状態に戻って欲しい」という意図のもと「船上討論会　若者編」というイベントを開催した。

彼女たちは「新しい流れ」を作ることが目的ではないという。だがイベントは若者と年配者が「ピースボートを大事と考えている」という一点を確認して終わることができた。それでもなお両者には相違点が残ったが、少なくとも表層的な誤解を解くための場所にはなったようだ。

Tさんたちの活動によって「船自体がなくなっちゃう」と思っていたレイナ（23歳、♀）は、「友だちとこの船を守っていこうっていう誓いを交わした後だったので、怒りを覚えてしまった」と騒動を振り返る。しかし、Tさんと話をして「完全に私の勘違い」だったということに気づいたのだという。その後、年配者と若者の対立は可視

化されることなく、ピースボートは9月4日に日本へ帰港した。

5-3 9条ダンスを踊る若者たちとナショナリズム

平和と護憲を願うダンス

ピースボートの掲げる護憲という理念をダンスで表現したのが「9条ダンス」だ。9条ダンスは戦争の苦しさや悲惨さ、そして強い平和への願いを表現しているという。前半はトライブミュージック、後半はヒップホップのリズムに乗せたダンスで、多い時には100人近い若者たちが9条ダンスに参加していた。

62回クルーズで9条ダンスは機会があるごとに披露され、船内の平和イベントはもちろん、パレスチナ難民キャンプなど各寄港地でも披露され、ダンスと同時に憲法を守るための署名運動も行われた。9条ダンスを踊る集団は「prayer9」と呼ばれる。

ピースボートは公式に、憲法9条の改正に反対し、「愛国心」教育を盛り込んだ改正教育基本法に反対という立場を採る。過去のクルーズでも、ワールドカップなどで

国を愛する気持ち	ピースボート（20～29歳・前期）（N=98）	「社会意識に関する世論調査」20～29歳（2008年）（N=444）
非常に強い	4.1 （%）	4.1 （%）
どちらかといえば強い	20.4	30.9
どちらともいえない	33.7	51.4
どちらかといえば弱い	30.6	11.7
非常に弱い	11.2	2.0

表5−2　「国を愛する気持ち」の程度

日の丸を掲げる若者たちのナショナリズムを危《き》惧《ぐ》する企画が開催されたことがある。62回クルーズの船内新聞でも、挿絵《さしえ》として日の丸を描くことがスタッフによって禁止されていた。このようにピースボート運営者の立場は、いわゆる「左翼」に近いものだと考えられる。

若者たちの愛国心

では、ピースボートに乗る若者たちのナショナリズム意識はどうなのだろうか。「社会意識に関する世論調査」（内閣府　2008）と同じ質問文を使用し、船内の20代（N＝98）の意識を見ていこう。

調査票の結果を見ると、確かに「国を愛する気持ち」は世論調査の結果と比べると低い数値

国を愛する気持ちを育てる必要がある	ピースボート（20〜29歳・前期）(N=98)	「社会意識に関する世論調査」20〜29歳（2008年）(N=444)
そう思う	44.9 (%)	69.1 (%)
そう思わない	28.6	16.0
わからない	26.5	14.9

表5−3　「国を愛する気持ち」を育てる必要性

が示される。「国を愛する気持ち」を5段階で聞いた項目では、船内で「強い」と答えたのは24・5％に過ぎず、世論調査の35・0％と比べても相対的に低い数値であった。さらに「弱い」と答えたのは41・8％であり、世論調査の13・7％と比べても極端に高い数値を示した（**表5－2**）。

「国を愛する気持ち」を育てる教育が必要だと考えているのは44・9％で、世論調査の69・1％と比べると割合は6割程度であった。教育の必要性がないと考えている人もピースボート内では28・6％で、世論調査の2倍程度の数値だった（**表5－3**）。この調査結果を見ると、若者たちのナショナリズム意識は、ピースボート運営者の政治観を体現しているように見える。

9条ダンスと日本国民としての誇り

しかし興味深いのは、9条ダンスを踊る若者が同時に「国を愛する気持ち」を積極的に語るという点だ。ユキ（21歳、♀）は、憲法9条が「日本国民としての誇り」だという。

「9条を持っていることによって日本がこんな風に平和を維持できているって知ったの。これってすごいことなんだって。だから日本国民としての誇りを持って9条を広めたい。そして言葉が違う人びとの中で一番伝わるのがダンスなんじゃないかって」

9条ダンスの中心メンバーであるユウスケ（19歳、♂）も「日本を愛する気持ち」を以下のように語る。

「日本っていう国はすごくユニークだし、そういう状況にもってきてくれたのは先輩たちだし、それにはすごい感謝してる。でもだからこそおかしいことは、おかしいと言っておこうと思う。内容にもよるけれども、先輩の人たちがしてきてくれたことに感謝する気持ちを持ってもらうような教育（は必要）。道路を造ってくれたりとか」

彼は日本の固有性、そしてそれを築き上げてきた「先輩」へ「感謝」の気持ちを積極的に表明する。このようなピースボートに乗る若者を、日本で通常使用される意味での「右翼」や「左翼」というラベルで分類することは難しい。つまり9条護憲を掲げ、日の丸や君が代の強制に反対するいわゆる「左翼」と、ピースボートに乗る若者たちには大きな断絶があるように思える。

もちろん、原理的に護憲とナショナリズムは何ら矛盾する立場ではない。実際、高度経済成長期の到来前には「左翼」がナショナリズムに基づいて日本国憲法を肯定していた時期があった（小熊 2002）。しかし、ピースボートに乗る若者たちの意識は、護憲ナショナリズムともずれがあるように見える。

そもそも9条ダンスを踊る若者は、護憲活動に興味があってダンスを始める訳ではない。ほとんどの若者は「ダンスが好き」「誘われた」「ダイエット」などの目的で9条ダンスに関わり始める。中心メンバーのユウスケ（19歳、♂）でさえ高校でダンスをしていたという理由から9条ダンスに誘われ、次第に平和問題に興味を持っていった。ダンスの講師を務める20代のスタッフも出港直前に9条ダンスを始めた。

ただし「文化祭型」の若者の踊る目的があくまでも「ダイエット」や「ダンスの気持ちよさ」に留まり続けるのに対して、「セカイ型」は次第にピースボートの理念に共鳴し、憲法それ自体に興味を持つようになっていく。特にユウスケやヒロ(27歳、♂)など9条ダンスのコアメンバーは数回にわたって憲法や平和問題の勉強会を行い、また公開討論会を開くなどの活動をしていた。

憲法9条も「自分探し」の問題に収斂する

しかし「セカイ型」の若者が9条について語る時、それは「自分」の問題に収斂《しゅうれん》することが多い。友人から誘われて9条ダンスを始めたナオ(22歳、♀)は一連の活動を振り返って「ダンスを踊ったあと、様々な感情があふれ出してきました」と語る。「今まで9条や憲法というと自分から離れたものであると感じて」いたが、「ダンスを踊る中で、それが自分と密接に関係のあるものだと気づき、今ダンスを踊っています」という。ナオはダンスを通して、9条が「自分のもの」であると気づいたのだ。エミ

（20歳、♀）も同様に、9条に対する「答え」を旅の途中で見つける。

「9条ダンスがいいことかどうかもわからずに踊ってきた。でもやってるうちに色んな人の意見を聞いて、何となしに自分が見えてきた。関心を持ち続けることに意味があるって。（中略）9条に対して自分なりのはっきりした答えが見えてきたのがこの数週間。難民キャンプで踊っているときにはすごい悩みがあった」

彼らの語りから見えてくるのは、9条ダンスが憲法9条を守る手段としての政治運動というよりは、「自分にとって9条とは何か」を考える「自分探し」の場であるという事実だ。もちろん、勉強会を繰り返し開き、非武装中立の可能性を議論する彼らが憲法9条それ自体に無関心という訳ではない。

だが、9条が「自分のもの」であることに気づき、「自分なりの答えが見えてきた」と語る彼らは、自分の中に「9条」を見つけようとしている点で、あくまでも9条を通じた承認を求めているように見える。「セカイ型」の若者たちは憲法9条に、自分たちの「閉塞感」や「アイデンティティ・クライシス」という「現代的不幸」の突破口を見いだしたのである。

ちょっと意地悪な試みをしたことがある。友だちと船内で学力テストを自主企画として開いてみた。学力テストと言っても「62ｎｄで一番賢い奴は誰なの？　選手権」という、テレビ番組で芸能人相手に行われるような軽いテイストのものだ。問題は数学ならごく簡単な計算問題や「三角すいの展開図を書きなさい」、理科なら「太陽から三番目に近い惑星の名前」など常識レベルのものを中心に出題した。総受験者数は122人で、20代以下は99人だった。そこで、憲法9条条文の穴埋め問題を出したところ、正解できたのは122人中3人に過ぎなかった（うち20代以下は2名）。

右翼も左翼も一緒だ

憲法9条が承認の供給源となっている点で、それは日の丸を振りかざし、小林よしのりを愛読する「右傾化した若者たち」とも親和性を見いだせるだろう。ゴスロリ系エッセイストの雨宮《あまみや》処凛《かりん》は、「現代的不幸」を理由にかつて「右翼」思想に傾倒した一人だ。

1990年代末、彼女は恋愛と買い物とカラオケくらいしかすることのない平和な日常に閉塞感を抱いていた。「右翼と左翼の違いなどわからなかった」（雨宮　2007：

43）が、ある時出会った「右翼」のわかりやすい言葉や主張は雨宮の胸に響いた。戦没者を「英雄」と位置づけることで、平和な時代に生まれたという罪悪感からも解放された。「国を愛した途端」に「現代的不幸」は全て解決したのである。

同じようにピースボートも「憲法9条」というわかりやすい物語を若者たちに提供する。「憲法9条があれば日本は平和」という、「とにかく国を愛すればいい」という「右翼」にも匹敵するわかりやすい物語だ。「生きづらさ」を抱える若者たちに「答え」を与えるという点で、「右翼」の掲げる「日の丸」と、ピースボートの掲げる「憲法9条」は機能的等価物（要は同じもの）と言えるかも知れない。

「つくる会」との違い

しかし9条ダンスを踊る若者たちと既存の保守運動に違いがない訳ではない。たとえば「新しい歴史教科書をつくる会」と比較すると、両者は共同性を担保するための核が違うことがわかる。

小熊ゼミの学生だった上野陽子の調査によれば、「新しい歴史教科書をつくる会」の参加者たちは個人主義的であり、『『弱気の日本』を笑うことくらいしか、会員全員に共通したコードはない」(小熊・上野 2003：139)という。つまり彼らは自分たちの想定する「サヨク」という「普通でないもの」を排除することによって成立している脆弱な結合体なのである。特に若い世代では、アイデンティティの不安を抱えて集まった人が多く、「快い距離を保ったまま不安を癒そうという感覚」(小熊・上野 2003：204)が強いという。

一方のピースボートの若者の語りからは、「右翼」を非難するような声はあまり聞かれない。「つくる会」に集う人びとがアイデンティティの不安を「サヨク」の忌避《きひ》という外部に求めるのに対して、「セカイ型」の若者たちはその答えを自分たちの内面に求めようとする。

勉強会を繰り返すうちに彼らは、「恥ずかしい話、私はピースボートに乗るまで日本が海外に何をしてきたかを知りませんでした」(リカ、23歳、♀)と反省し、「本当の痛みを知らないから、もしかしたら(自分も)誰かを傷つけてしまうかも知れない」(アイ、21歳、♀)と不安になる。

しかし9条ダンスを踊り、仲間と話し合いを繰り返すうちに「自分自身と9条を結びつけて考える」(ナオ、22歳、♀)ようになるのである。

そのメンタリティは、全共闘時代に流行した「自己否定」と親和性を持つかも知れない。たとえばある全共闘運動の活動家は「自分の日常性が、このろくでもない体制を支えている。だから、体制を変えることと自分を変えることが一つになるような闘いをしなくちゃならない」（茜・柴田２００３：90）と述べている。

同じように、自分たちを９条と同一化させることによって「セカイ型」の共同性は成立しており、だからこそ「自分が変わればすべてが変わる」（ヒロ、27歳、♂）という発想を抱き得るのである。

置き換え不可能というロマン

文学少年的な雰囲気を維持する社会学者の北田暁大《あきひろ》は、若者たちがナショナリズムにコミットする理由の一つに、それが「『置き換え不可能』というロマン的定義が刻み込まれた置き換え可能な記号」（大澤・北田２００８：292）であることを挙げる。さすが学者、対談集でも難しい言葉を使う。

要するに、若者たちがロマンを感じる先は別に「国家」でなくてもいいはずなのに、本人はそれを「数ある選択肢の一つ」ではなくて、「これじゃなくちゃダメ」と信じ込んでしまう状態だ。恋愛を想像したらいいと思う。

同時に北田は1990年代以降、「戦後日本」に存在していたとされる会社や地域などの中間共同体が崩壊していく中で、国家が重要な承認の主体として立ち現れてきたと指摘する。情報技術の発達は新しいタコツボ的な中間共同体を構築したが、それは「どこまで行っても平滑な世界になっていて、承認欲求をなかなか充足させてはくれない」（大澤・北田 2008：341）。だからこそ、若者が一挙に愛国のような大きな物語や宿命的な物語に飛びついてしまうというのである。

代替不可能な固有性を提供する「右翼」に対して、「左翼」は若者たちのロマン主義の受け皿にはならないと言われてきた。だが思想としては「左翼」と分類できるはずのピースボートも、きちんと若者のロマンの受け皿になっているじゃないか。どうしてなのだろうか。

ピースボートが提供するのも、憲法9条や「世界平和」という極めて漠然とした理念だ。しかしその先が違う。ピースボートは理念だけを振りかざすのではなく、「9条ダンス」や「世界一周クルーズ」という「世界平和」を実現するための道筋までを若者に提供する。「ポスターを貼って世界一周」「ダンスを踊って世界平和」と、ピースボートのやることはとにかくわかりやすい。「マルクス主義」とか「世界共和国」とか難しい話をしないのである。

特にダンスという身体的な行為によって9条を血肉化していく中で、9条は自分と不可分の「置き換え不可能」なものになっていくのではないだろうか。10分近くに及ぶダンスはリズムやテンポの起伏も激しく、数十人の集団があわせて踊る以上、多くの練習時間が必要になる。実際、コアメンバーたちは毎日数時間を9条ダンスの練習に費やしていた。

そしてダンスの練習と勉強会を繰り返すうちに、「自分自身と9条を結びつけて考える」こと、つまり9条と自分を同一化させることができるようになるのである。ダンスという媒介を通して、それはもはや「置き換え不可能」なものになるから、憲法9条や「世界平和」が承認の供給源として有効に機能すると言い換えることもできる。

5-4　世界は背景に過ぎない

世界、世界、世界

ピースボートに乗っていると、よく「世界」という言葉を聞くことになる。乗船動機を聞けば「世界を見たい」。ピースボートの理念は「世界平和」。それを叶える「世

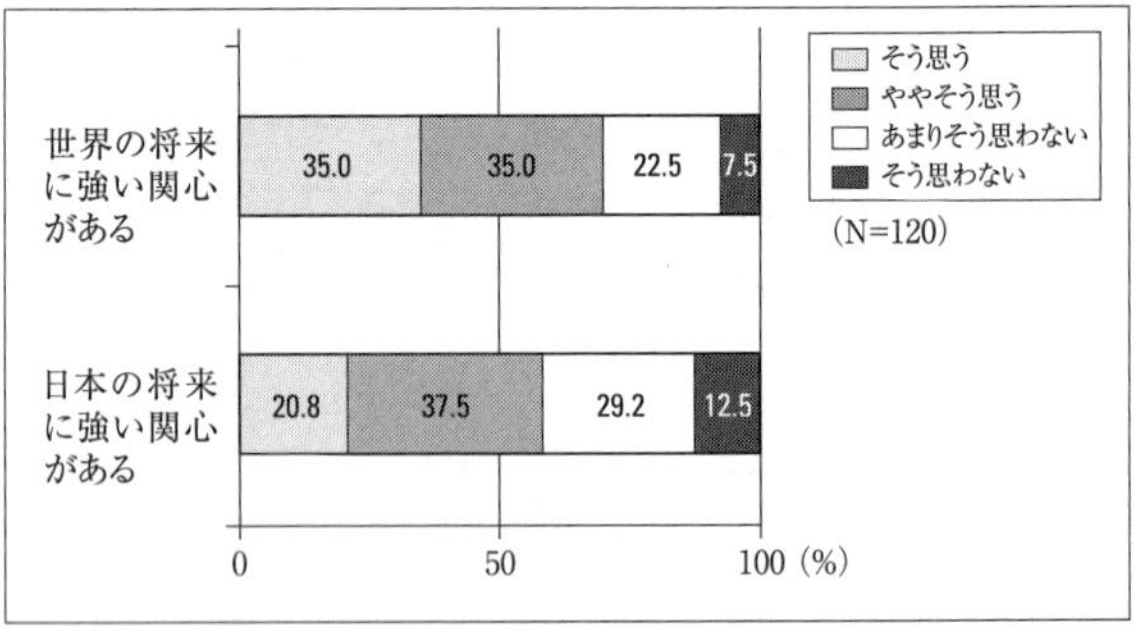

図5-2　「世界の将来」と「日本の将来」への関心

界一周クルーズ」。

調査票の結果を見ても、ピースボートに乗っている若者が「日本の将来」よりも「世界の将来」に関心がある傾向があることがわかる。前期調査（N＝120）で「日本の将来に強い関心がある」に「そう思う」と答えたのは20・8％、「ややそう思う」と答えたのは37・5％だったのに対して、「世界の将来に強い関心がある」に「そう思う」としたのは35・0％、「ややそう思う」と答えたのが35・0％だった（**図5-2**）。

では、彼らはどのような「世界」に関心があるのだろうか。前述の学力テストの中ではイスラエル（パレスチナ）の場所を白地図の中から探す問題、2010年のFIFAワールドカップの開催地を問う問題など、「世界」に関する出題がいくつかあったが、正解者はほとんどいなかった。

ただし同様に日本初の総理大臣の名前や日本国憲法の施行年を問うた問題の正答率も低く、日本に対する知識を持っている訳でもない。読者の想像通り、日本初の総理大臣は「ひみこ」「野中さん」、日本国憲法発布が「1000年」「1987年」など珍回答が続出した。

世界に強い関心があるという「自分探し型」のテッペイ（19歳、♂）は次のように語る。

「環境問題にすごい興味がある。地球がどうなっちゃうか。それは船に乗る前から。（講演とかには行っていないが）自分的な考えを持ちたい。人に先入観を植え付けられたくない」

「世界を知る」ということをことさらに強調し、さらに「ベトナム地雷撤去ツアー」などに参加してしまうほど「社会意識」が高い若者たちは、一方で世界からの情報が遮断《しゃだん》された船上生活に耐えられる若者たちでもある。それは、今まさに起こっている世界の出来事に興味があるというよりは、「地雷」や「難民」という世界の抱える諸問題の象徴を、「自分の問題」として受け止めたいだけと言うこともできる。

つまり、彼らが興味があるのは、自分流の「世界平和」の実現であり、自分流の「世界」の受容である。

もちろん、彼らは真剣だ。真剣で素朴に「地雷」や「難民」と向かい合おうとしている。アサミ（20歳、♀）に乗船動機を聞いた時の「見てしまうときっと辛くなると思うけど、世界の現状を知っておきたい」という言葉が、そのことを象徴している。つまり、「世界を知りたい」という真摯《しんし》な想いと、「辛くなる」という自己の感覚に関する表現がダイレクトに接続しているのである。

この心性は、「自己の変革によって世界も救われる」という〝セカイ系〟と非常に似た構図でもある。彼らは「世界」を訪れ、実感することにより、「現代的不幸」を克服する方法を探しているとも言える。

モデル化する若者とスタジオ化する世界

「観光型」を除いたほとんどの若者が参加する「素顔の若者と大交流」というオプションツアーがある。一つ目の寄港地であるベトナムで行われ、現地の若者と1日をかけて交流をする。午前中はベトナムの大学生とペアになり、市内を自由散策する。そして午後は交流会で共にダンスなどの出し物を披露して、親交を深めていくというプログラムが組まれている。

このツアーのクライマックスは、出港時だ。今日一日、時間を共にしたベトナムの若者たちが港まで来て、船を見送る。その姿を見て涙ぐむ乗船者の姿があちこちで見られた。日本でニートをしていたリョウ（25歳、♂）も「大交流」に参加したようだ。

興奮冷めやらぬ様子で自分の体験を語ってくれた。「本当によかったよ。たまたま自分のパートナーは日本語を話せる子だったから盛り上がって。一緒にバイクに乗ったり、買い物をしたり。とにかく楽しかった」。

いつも高齢者に交じって麻雀をしている彼の表情とはまるで違う。たとえ「大交流」が「新・団体旅行」に共通して見られる「制度化」された交流だったとしても、彼らが実際のベトナムの若者と知り合ったという事実に変わりはない。

だが、「世界の若者と知り合った」ということや、「世界各地を回った」というリアリティが若者にとって大切なのだとしたら、裏返せばその「世界」はどこでも構わないということでもある。彼らはオプションプログラムに参加してパレスチナ難民キャンプを訪問したり、平和を推進するNGOを訪問したりすることもある。しかし、それ以外の場所で彼らが主に行うのは膨大な数の写真を撮影することである。特に「セカイ型」「文化祭型」に見られる傾向だ。

一つの場所でポーズを変え、設定を変え、人を変え、考えられるあらゆるパターンの写真を撮る。定番は、背景の造形物にキスするように見せる写真、複数人で同時にジャンプをする写真、遠くや高い場所まで行って撮る写真などだ。ピラミッドでもペトラ遺跡でもカッパドキアでもどこでもいい。モデル化した若者たちの前で、もはや世界遺産はただのスタジオとなり果てていた。

「世界」は「世界」だった

ピースボートは実際に世界各地の「場所」を巡るはずなのに、若者たちはその土地の歴史や環境という固有性になかなか目を向けることはない。ピースボートに乗る若者たちの語る「世界」とはあくまでも「世界」であり、各寄港地は「生きる実感」を得るための「背景」として受容されているに過ぎないのである。

ベトナムへ行っても、ヨルダンへ行っても、アメリカへ行っても、「世界」が「世界」以上に分割されることはない。それは、4カ月という短い間に20以上の寄港地を巡り、寄港時間も限られたクルーズだから仕方ないのかも知れない。また船内は外部の情報の極めて入手しにくい環境であるというのも、自閉した「世界」観に寄与していると考えることもできる。船内には図書コーナーこそあるが蔵書が多い訳でもない。インターネットはかなりスピードが遅いのに1時間数千円もかかる。

だが言い方を変えれば、「世界」が「世界」という抽象的な次元に留まり続けるから、ピースボート共同体の維持が可能だということでもある。「つくる会」が「サヨク」という「普通でないもの」を忌避することによって成立している希薄な結合体だったように（小熊・上野 2003）、ピースボートも「世界平和」という曖昧な集合目標が理念の核である。

曖昧であるからこそ反対もできないし、分裂が起こることもない。実質的な共同性を支えるのは、「世界平和」という理念よりも、24時間同じ船上にいることが担保する濃密なコミュニケーションそのものである。100日間以上、24時間一緒なのだ。

第3章では若者たちがピースボートの理念へ同一化していく過程を描いたが、それは「世界平和」という政治的なゴールというよりも、文字通り「世界平和」という軽薄で曖昧な価値観を媒介とした共同性へのコミットメントに近かったのである。

5-5 「想い」が実現する世界平和

戦争のことは考えたくない――世界平和はあくまでも「願い事」

9条ダンスを踊る若者たちに、もしも戦争が起こったらという仮定の話をすると、「考えたくない」と答える人が多い。リカ（23歳、♀）は「戦争が起きたらなんて考えたくない。戦争をしたがる人には、見てこの子って、広島と長崎の子どもたちのビデオを見せてあげる」という。同様にコトネ（21歳、♀）は「どうしよう」と悩んだ後に、「人が死んでも武力でやり返そうとしてはいけないと思う。また同じことをするのは嫌だからぐっとこらえる。そうしたらわかってもらえる」と答えてくれた。

彼らに共通するのは、「想い」さえ通じ合えれば「わかってくれる」という期待である。そこに「想い」を共有しない他者の存在は想定されないし、だから他者との合意形成の過程も想定されない。この「想い」によって理想が実現するというのがピースボートの考え方なのである。

「世界平和」も自分たちで形成していくものというよりは、他動的に実現されると思っている人が多い。七夕イベントの時に、事前に乗船者たちに聞いた願い事を集めたスライドが流された。スライドに登場した75人のうち、「世界が平和になりますように」と世界平和に関する願い事を書いた人は24人いたのだが、「世界を平和にしたい」と能動的な表現をした人はいなかった。

もちろん「願い事」だからその内容が他動的になるのは当然なのだが、七夕イベント以外でも「世界平和」はあくまでも「願い事」として語られることが多かった。9条ダンスを踊るチームの名前が「prayer9」だというのが象徴的だ。

「想い」や「願い」によって平和を実現しようとする姿勢は、船内トラブルの時も同様だった。その傾向がピースボートの理念に最も賛同している「セカイ型」に最も見られたのも確認した通りである。何度もピースボート側と対話を繰り返し待遇の改善を訴える年配者に対して、若者たちは署名で「夫婦げんかを見ているようでとても悲しい」と嘆き、レセプション前の事件でも泣き崩れることしかできなかった。

「想い」が届かない相手に対しては、対話や討議によって妥協点を見つけようとするのではなく、一方的に悲しんで終わってしまうのである。Tさんを呼んでの「討論会」は一度開かれたが、結局それは自分たちの「想い」を一方的にぶつける場になってしまい、討論としての機能は果たしていなかった。

『ザ・シークレット』の流行

第4章でも指摘したように、自分の「想い」によって世界が変わるという思考方法は自己啓発やネットワークビジネスなど「ポップ心理学」に広く見られるものである（小池　2007）。

両者の親和性を示すように、ピースボート船内では2007年に邦訳されベストセラーになった『ザ・シークレット』（Byrne 2006=2007）が一時期若者たちに流行していた。ちなみに『ザ・シークレット』の翻訳者も過去にピースボートに乗船している。クルーズ中に「啓示」があったといい、『輪廻転生を信じると人生が変わる』（山川　2009）という本まで執筆している。

『ザ・シークレット』は、プラトン、ガリレオ、アインシュタインなど過去の成功者たちが、ある共通の「秘密」を知っていたという趣旨の本だ。その「秘密」とは「引き寄せの法則」である。似たもの同士は引き寄せ合い、未来について抱く思考が未来を創造するという。まさに「思考は現実化する」という「ポップ心理学」の典型的な内容である。

もちろん、ピースボートに乗る若者の全てが「想い」だけで世界平和が実現できると思っている訳ではない。はじめはピースボートの共同性から距離を置いていた「観光型」の一部は、クルーズの途中から「セカイ型」への建設的批判者という立場でピースボートに関わるようになっていく。

大手ＩＴ企業への就職が内定しているユカリ（22歳、♀）は、９条の討論会で「セカイ型」の若者に、「９条ダンスを踊ることと世界平和にどのような関係があるのか」や「アメリカから距離を置くことと憲法９条の維持は両立するのか」などの質問をする。彼女は「自分が憲法９条に反対している訳ではない」から、「セカイ型」に対して共感すると同時に「いらいらする」のだという。

5-6　「箱庭」で遊ぶ「やさしい」若者たち

カリスマのいない島宇宙

ピースボートでは誰もが有名人になることができる。乗船客は900人、20代以下で言えば300人程度の小宇宙だ。クイズ出題者も似顔絵描きもＤＪも詩人も医者の卵もここには1人か2人しかいない。言い方を変えれば、誰もが「特別」になれるのがピースボートなのだ。

船内には「自主企画」という表現の場が用意されている。どんな企画をしても、集まる人が誰もいないということはない。そして、面と向かっての批判などはあり得ず、とりあえず賛辞の言葉を贈られる。批判なき賛辞だけの共同性は居心地が良い。それは鈴木謙介（2008）の想定する「ジモト」に近いのかも知れない。

一方で、船内にカリスマと呼ばれるような人はいなかった。たとえば、9条ダンスにおけるダンスのうまさも、あくまでもダンスをする人の中で尊敬を集めているに過ぎない。スタッフとして乗船しているダンサーのヒロ（27歳、♂）でさえ、9条ダンスに参加している若者や、彼に憧れるごく少数の女の子の間で求心力があるくらいだった。

署名活動の中心となったジュン（20歳、♂）も知名度こそ高いが、彼の求心力が働くのは「セカイ型」と「文化祭型」の一部だけである。言い換えれば、船内には『ストリート・コーナー・ソサエティ』（Whyte 1993=2000）におけるボウリングのような集団全体を貫く差異化の装置は存在せず、そこにはただ「島宇宙」が点在しているだけであった。

勝ち負けにはこだわらない

そもそも勝ち負けにこだわらないというのもピースボートの特徴だ。たとえば乗船者の8割が参加した船上運動会では、勝敗にはこだわらないということが繰り返し強調された。あるグループの団長になったアサミ（20歳、♀）は「優勝とか関係なしに、本当にみんなが一つになれる、そんな運動会になったらいいと思ってます。一緒にね、盛り上がっていきましょう」と全体ミーティングで聴衆に呼びかけた。他のグループの団長にも「優勝を目指す」と公言した人はいなかった。

2003年に発売されたSMAPの「世界に一つだけの花」では「№1にならなくてもいい／もともと特別なOnly one」と歌われているが、アサミたちはナンバーワンを目指さないからといって、オンリーワンになりたい訳でもないのだろう。

彼女はクルーズ中盤で「チームアサミ」というグループを作った。特に目的がある訳ではなく、「まったりする」ためだけの集団なのだという。一応、乗船者たちの想いを届ける「船内郵便」など様々な企画を考えるが、「別にそれはできなくてもいいの」と彼女は言う。「それでみんなの時間を拘束したら嫌でしょ。ゆるくいきたいからね」

と、アサミは「まったり」と「ゆるく」という言葉を多用する。
アサミがナンバーワンを拒否するのはオンリーワンである自分を守るためというよりも、「誰かと一緒に歩きたい」という素朴な想いに近いのではないのだろうか。それはかつて浜崎あゆみの「AUDIENCE」（2000年）で歌われたような心情に近いのかも知れない。

別に誰より先を歩いて行こう／なんて気持ちはなくってね
だからと言って誰かの後ろから／ついてくワケでもないけどね
君らの誰かが／YESだ！って叫んだ時には
僕は並んで／YESだ！って叫ぶだろう

アイデンティティ不安の若者たち

調査票（N＝108）を見ても（＊19）、彼らの自己意識が決して「オンリーワン志向」ではないことがわかる（**表5－4**）。たとえば「自分には自分らしさというものがあると思う」の「そう思う」と「まあそう思う」をあわせた肯定度は76・0％、積極的

自己意識に関する調査		ピースボート（16〜29歳・前期）（N=108）		青少年研究会調査 浅野編（2006）	
		（%）	（%）	（%）	（%）
今の自分が好きだ	そう思う	19.4	61.3	70.5	
	まあそう思う	41.7			
	あまりそう思わない	25.9	38.7	29.5	
	そう思わない	13.0			
自分には自分らしさというものがあると思う	そう思う	30.6	76.0	38.3	85.9
	まあそう思う	45.4		47.6	
	あまりそう思わない	20.4	24.0	14.1	
	そう思わない	3.7			
場面によってでてくる自分というものは違う	そう思う	53.7	87.0	78.4	
	まあそう思う	33.3			
	あまりそう思わない	9.3	13.0	21.6	
	そう思わない	3.7			
自分がどんな人間かわからなくなることがある	そう思う	27.8	63.0	45.9	
	まあそう思う	35.2			
	あまりそう思わない	27.8	37.0	54.1	
	そう思わない	9.3			
どんな場面でも自分らしさを貫くことが大切だ	そう思う	21.3	64.8	55.8	
	まあそう思う	43.5			
	あまりそう思わない	27.8	35.2	44.2	
	そう思わない	7.4			

表5−4　ピースボート乗船者の自己意識

肯定の「そう思う」は30・6％、「まあそう思う」は45・4％だった。

2002年に青少年研究会が行った調査（浅野編 2006、岩田 2006）で同じ質問項目に対する肯定率は85・9％（「そう思う」38・3％、「まあそう思う」が47・6％）だったから、ピースポートでは相対的に「自分らしさ」に不確かさを感じている若者が多いことがわかる。「自分らしさ」がないと答えたのに、「自分らしさ」を貫くことが大切だとした若者も17人いた。

自己意識の「不確かさ」は、自己の可変性の高さや多元性を意味するものでもある（岩田 2006）。「今の自分が好きかどうか」という自己肯定感の肯定度は61・3％で、青少年研究会の70・5％を下回った。そして、「自分がどんな人間かわからなくなる」の肯定度は63・0％で、青少年研究会の45・9％を大きく上回った。調査票では「場面によってでてくる自分というものは違う」の肯定度は87・0％だった。これも青少年研究会の78・4％を上回る数値である。

調査票から示唆されるのは、不確かなアイデンティティを補うために共同性に寄り添う若者たちの姿だ。「自分らしさ」が不確かだからこそ、共同性に亀裂の入る可能性がある「勝ち負け」よりも「一緒に盛り上がる」ことを重要視する。そして「一緒に盛り上がる」ためには自分というものは一貫していなくてもいい。

このメンタリティは、近年すっかり「パパ」になってしまった社会学者の宮台真司（2006）が、「島宇宙」の住民たちのコミュニケーションを指して呼んだ「共振的なコミュニケーション」と近いだろう。

ピースボートという「箱庭」

このピースボートという「安全」な「島宇宙」は、ピースボート運営者の管理によって成立している。たとえば参加者の自己表現の場であるはずの「自主企画」も、それを取り仕切るのはピースボート事務局のスタッフだ。自主企画を行いたい場合は実施日の2日前にピースボートへ申請し、会場をおさえ、船内新聞に掲載してもらうという手続きを取らなくてはならない。

明示されている訳ではないが「ピースボートコード」が存在していて、たとえば下ネタ要素の強い企画などは禁止されていた。また新聞に載せる表現を変えるように要請されることもある。ちなみに、「憲法19条を守ろう：船内における思想と良心の自由について考える。船内新聞、コピー機など」という企画を申し込んだところ、なかったことにされた。

クルーズ中には、「リフレッシュデイ」と呼ばれる、自主企画を含めたイベントが何も開催されない日が数日ある。そもそも船内で何をしようが基本的には自由であり、ピースボート自体が余暇活動のはずだが、船内新聞にも「余暇を楽しんで下さい」と大きく書かれている。あれ、僕たちはそもそもリフレッシュのためにピースボートに乗っていたんじゃなかったっけ。

確かに「セカイ型」と「文化祭型」を中心にイベントの準備や音響スタッフとして忙しく活動している者も多く、文字通り彼らには「リフレッシュデイ」が必要なのだろう。それらの活動はあくまでもボランティアとして参加しているものだが、彼らは「リフレッシュ」も、「自主」企画さえも誰かからのお墨付きを必要としていることがわかる。

運動会などのイベントにしても、応援合戦のダンスや歌の選定に関しては各グループに任されるが、その時間配分やどんなコンテンツが必要かということには、本部であるピースボート事務局の意向が強く働く。もちろん、知り合ったばかりの人が多い中で一からイベントを作り上げるのはほぼ不可能であるが、結局若者は本部が用意した「箱庭」で遊んでいるだけに過ぎないと考えることもできる。

船内新聞の不思議

「箱庭」を最も象徴しているのが船内新聞だろう。船内のほぼ唯一の情報媒体である船内新聞には情報統制が敷かれており、ピースボートにとって少しでもマイナスな記事が掲載されることはない。

たとえば船体トラブルによって船内が騒然としている日でも、新聞の記事は、「海の日の由来」「自主企画レポート」など、まるで船に何事も起きていないかのようなものばかりだ。いやいや、船に穴があいてるのに「今日は海の日」はないでしょ。

新聞制作に関わっていた人の話によると、他にもいくつものタブーがあったそうだ。たとえば日本が関係する記事で日の丸を挿絵として挿入すること。他の国の国旗はいいらしい。また、アテネでは乗客の間でスリ被害が多発したらしいのだが、それに注意を呼びかける記事もボツにされたという。

笑っちゃうのは、そんなピースボートが船内でメディアリテラシーに関する講義を開いていることである。イラク戦争におけるマスコミ報道などを題材として、メディアの情報にいかにバイアスがかかっているかを教えていた。

もし乗船者たちに本当にメディアリテラシーを教えたいのであれば、船体トラブルこそが格好の教材になるはずである。たとえばニューヨーク出航の延期であれば、地元紙にも取り上げられているのだから、船会社の言い分、ピースボートの言い分、地元紙の伝え方を素材にすれば、実感を持った上でメディアについて考えることができるだろう。

しかし船体トラブルは教材になるどころかあくまでも「なかったこと」として処理される。メディアリテラシーの問題も、所詮自分たちとは関係のないことだから簡単に批判することができるが、その矛先が自分たちに向けられた時、それまでの威勢の良さは消えてしまうのである。なにせ、「今日は海の日」だ。

新聞局長をしていたスタッフ（25歳、♂）によれば、この船に乗っている様々な立場の人の気持ちをできるだけ害したくないというのが検閲を行う理由だという。彼は「悔しい」が「正直、怖い」とその気持ちを打ち明けてくれた。ピースボートは「安全」のために「自由」が犠牲になっているコミュニティ（Bauman 2001=2008）の典型例ということができるだろう。

「やさしさ」には「箱庭」が似合う

だがこの安全な「箱庭」は、若者たちの「異質なものは見たくない」というニーズともマッチしている。Tさんたちのアンケート用紙に若者が拒否感を示したように、彼らは自分たちの世界が侵害されることに拒否感を抱く。船内トラブルがあった時に彼らが「私たちは、あなたたち（船会社、ジャパングレイス、ピースボートという場）に守られている子どもです」と自己規定していたのは、ピースボートが「箱庭」であることを積極的に肯定しているからだろう。

仲間を批判せず、勝ち負けにこだわらず、自分たちの世界を守ろうとする若者たちのメンタリティは、社会学者の栗原彬《あきら》（1981）がいう「やさしさ」に近いのかも知れない。1970年代に小此木啓吾《おこのぎけいご》と共に若者論の代表的論者だった栗原は、若者の心性として傷つきやすいが豊かな心を持つ「やさしさ」を指摘した。それは、産業社会に支配的な競争原理を忌避して、他者との共同性を重視して、存在するもの全てに等しく価値を見いだそうとする態度である。

栗原が後に自身の「やさしさ」論を振り返る中で（栗原 1996）、あり得る理想として挙げたのが何と「辻元清美さんがやっているピースボートの仕事」だ。彼によれば、ピースボートは「他者に向かって、世界へ向かって開かれている」し、「人の見方を変え、人間関係を変えていく構造的な〈やさしさ〉」がある。

だが、本書で見てきたピースボートに乗る若者やスタッフたちの「やさしさ」は、残念ながら栗原の期待とは少し違う。それは、制度やシステムを変えるというよりも自分たちの「世界」に自閉するという点で、栗原の理想とは対極にある心情的で閉鎖的な「やさしさ」に近い。

実は栗原は「やさしさ」が競争社会の原理をゆるやかに解体することを期待していた。しかし栗原の予想を裏切るように、「やさしさ」は「自己中心的、ナルシズム的に働く自他を傷つけない、小市民意識」（栗原 1996）に収束してしまった。そこで一縷《いちる》の望みとして栗原が例を挙げたのがピースボートだったのだ。しかしピースボート船内でさえ「やさしさ」が心情的─閉鎖的になってしまったという事実は、現代において制度やシステムを変える運動がいかに困難であるかを示している。

確かにピースボートという空間は他者と多くの時間を共にするし、世界中の様々な国を訪れる。だがそれはピースボートという「自由」の制限された「安全」な場所で、個別具体的ではなく抽象的次元に留まり続ける「世界」を背景に実現される「箱庭」遊びに過ぎないのである。

5-7 ピースボートが残したもの

クルーズの終わり

5月14日に始まったピースボートのクルーズは、113日後の9月4日に横浜へ帰港した。このピースボートの旅は、若者たちに何を残し、そしてどのような変化を与えたのだろうか。帰国してからの若者たちの動向に関しては次の章で扱うが、この節では前期調査とクルーズ終了間際に行った後期調査との比較やインタビューをもとに、ピースボートが若者に与えた影響を見ていこう。

クルーズで得られたもの

調査票の「あなたはこのクルーズで何を得られたと思いますか」という設問には、「自分を見つめ直すこと」と答えた人が最も多く76・9%、次いで「世界で何が起こっているのかを知ること」が50・0%、「海外に暮らす人びととの思いがけない出会いを

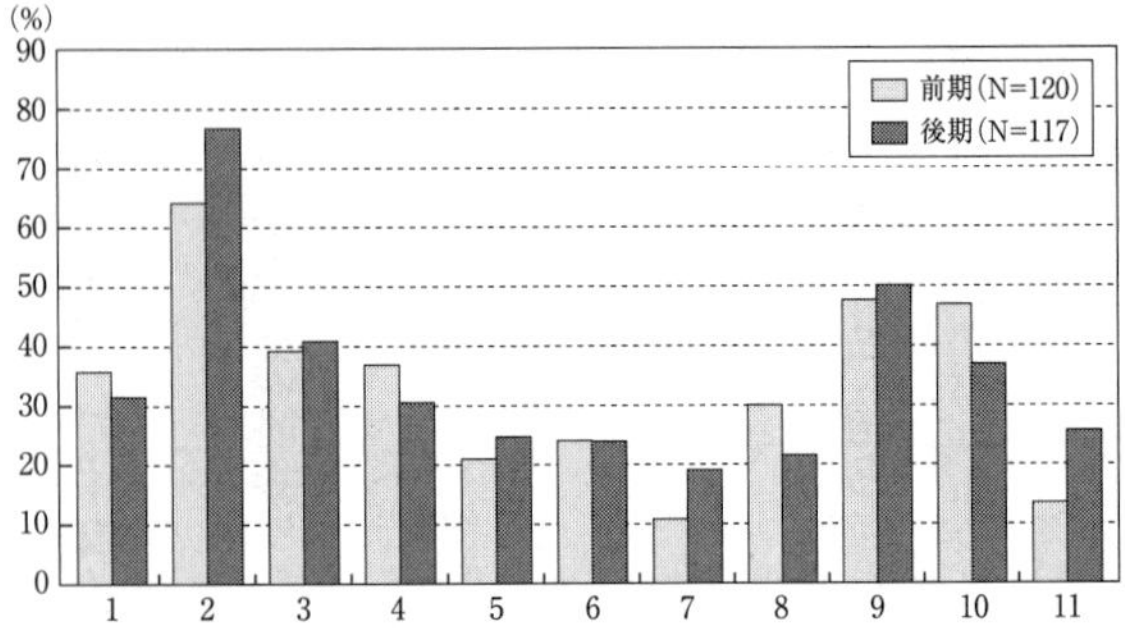

1　新しい生き方を手に入れること
2　自分を見つめ直すこと
3　海外に暮らす人びととの思いがけない出会いを得ること
4　心身共にリフレッシュすること
5　活力を蓄えること
6　のんびりと骨休めをすること
7　目的なく、ただ気晴らしをすること
8　語学力をつけること
9　世界で何が起こっているのかを知ること
10　やりたいことを見つけること
11　その他

図5−3　「クルーズに期待するもの」(前期)と「クルーズで得られたもの」(後期)

得ること」が41・0%だった（N＝117）。この設問の選択肢は前期調査（N＝120）の「クルーズに期待すること」に対応しているのだが、前期調査で64・2%だった「自分を見つめ直すこと」を76・9%の人が後期調査で選ぶようになった。一方、前期調査で46・7%の人が答えていた「やりたいことを見つけること」に対して、「やりたいことが見つかった」と答えたのは36・8%に留まった（**図5-3**）。

前期調査と後期調査を共に回答した人だけを抽出して比較してみても（N＝66）、前期で60・6%だった「自分を見つめ直すこと」が後期では78・8％まで上昇しており、逆に「やりたいことを見つける」と答えた人は前期調査では48・5％だったのが、後期調査で「見つかった」と答えた人は37・9％まで低下している。前期調査で「やりたいことを見つける」と答えた32人のうち、「やりたいことが見つかった」と答えたのは18人に過ぎなかった。

乗ったのは間違いじゃなかった

しかし、「やりたいこと」が見つからなかった人も、ピースボートに乗ったこと自体は間違いではないと語る。マナブ（25歳、♂）は、前期調査で「やりたいことを見つけたい」と言っていたのだが、クルーズ後半のインタビューでは、「乗船は次の仕事につくまでに乗っておこうかな的なもの」とピースボートが特に目的のない旅だったことを強調した。

クルーズを通しての変化を聞いても「今さらどうこう変わろうっていう気持ちはない。高校、大学でそれは終わっているから」と特に自分自身の変化もなかったと答える。しかし、「乗ったことは後悔してない。満足度は今は70％くらい」だという。「具体的に何に役に立つかはわからない」が「大きなものを得られた」と漠然とした言葉でピースボートを振り返る。

クルーズ初期のインタビューでエミリ（23歳、♀）は、乗船動機を「自分を変えたい、じゃないけど、世界を広げたいと思った。行くなら今だと思った」と話していた。しかし、帰国間際のインタビューでは、クルーズで得られたものとして「私は私だった」「自分を見つめ直せた」という気づきを語っている。クルーズの終わりになって彼女は、「大切なのは帰ってからどうするかってことに気づいた」という。「自分を変える」から「自分を見つめ直す」と乗船動機を改めることによって、彼女はピースボートを通じた自分探しの旅を終えることができたようだ。

同じようにミカ（19歳、♀）も、「はじめはやりたいことを見つけなくちゃと思ってたけど、そうじゃなくてもいいと思った。だって意外とみんな何も考えていないことがわかったから」と、クルーズを通して、必ずしも何かを探さなくてもいいということに気づいたという。

彼女たちに共通するのは、海外の寄港地やそこでの出会いではなく、自己内省や船内の人間関係の中で「気づき」が構築されたという点である。ピースボートは船内だけでも3カ月以上、ピーセン期間も数えたら半年以上も同じ人間関係が継続する空間である。また航海中は自主企画に参加する以外、特にすることはないので、一人になる時間も多い。

つまり、「世界各地を訪れること」それ自体ではなく、訪れることを目的とした船内生活や人間関係の中で、彼女たちはモラトリアムを終えたことになる。

「じゃあ4カ月間、横浜沖に浮かんでるだけで良かったんじゃ」と思ってしまうが、それではピースボートに人が集まらないからダメだ。「100日間横浜沖・軟禁の旅」では、日常の「閉塞感」を打破する出口になるとはとても思えない。

曖昧な「やりたいこと」

一方で「やりたいことを見つけた」と答えた人は、曖昧な言葉で将来設計を語ることが多い。「やりたいことが増えた。すげー増えたと思う」と言うテッペイ(19歳、♂)は、船で見つけた「やりたいこと」を次のように語る。

「もっと色んなこと、色んな経験を積みたいなって思った。もっと知識を積みたいな、頭良くなりたいなって。色々な特技を持つ乗客に会ったりして思った。ひとつひとつやりたいことを片付けていきたい」

サキナ（21歳、♀）は、クルーズを通して「やりたいことが明確になった」という。それは「海外で働きたい」ということだ。しかし、船内は具体的な情報が不足していることもあり、そのプランは曖昧なままだ。スペイン語、サマースクール、大学と、その「やりたいこと」は多岐にわたる。

「将来やりたいことが明確になった。一番いいのは海外派遣をしてもらえる職場。そういう会社があったら入りたい。海外は、スペイン語とかも勉強したい。あと、大学のサマースクールに行ってみたい。大学っていうのは行ったことがないけど、勉強したいなってのはある。この旅でそう思うようになった。全然一本に絞ってない状況だから、とりあえず帰ったら色々調べると思う」

乗船動機は果たせたのか

前期調査の乗船動機に対応した選択肢で、後期調査では「旅で特に印象に残ってい

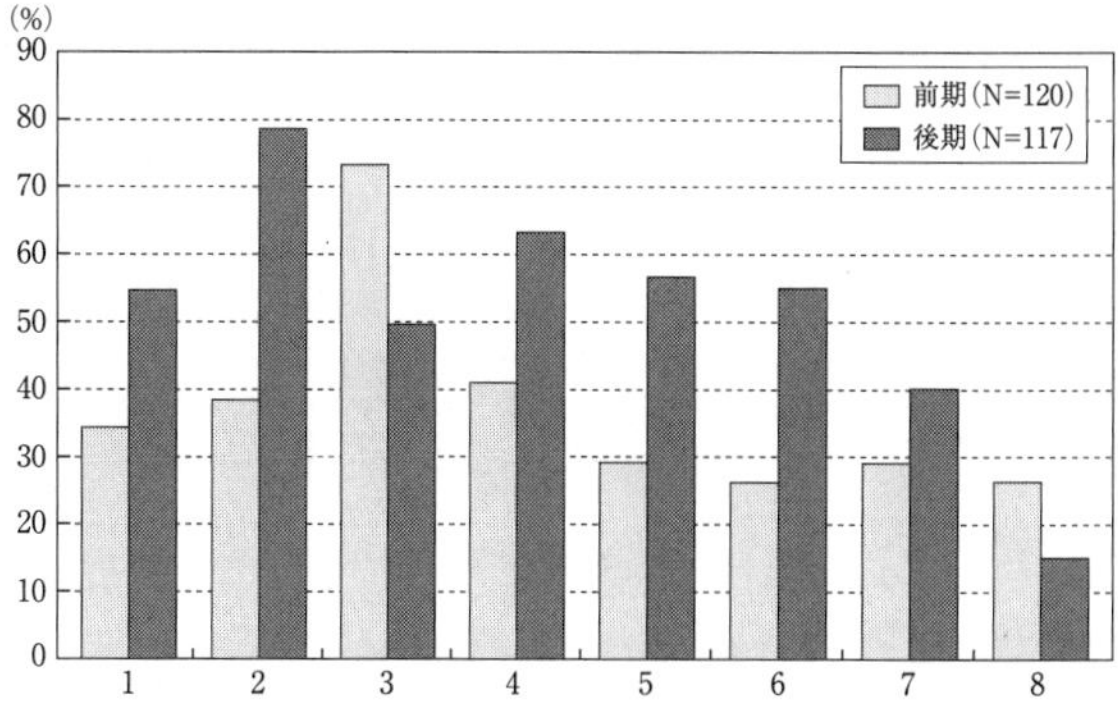

1　行きたかった場所へ行けたこと
2　船内で色々な人と知り合えたこと
3　たくさんの場所を観光できたこと
4　日常では味わえないものに触れられたこと
5　世界の様々なものを見られたこと
6　（海外の）自分の知らない生活様式や価値観を体験できたこと
7　将来に役立ちそうな経験をつめたこと
8　その他

図5−4　乗船動機（前期）と旅で印象に残っていること（後期）

ること」を聞いている。

一番多かった答えが「船内で色々な人と知り合えたこと」で78・7%、次いで「日常では味わえないものに触れられたこと」（前期調査の乗船動機「それまでの生活を抜け出したかったから」に対応）が63・2%、「世界の様々なものを見られたこと」が56・4%、「行きたかった場所へ行けたこと」が54・7%、「（海外の）自分の知らない生活様式や価値観を体験できたこと」が53・7%だった。

乗船動機として一番多くの人から挙げられた「たくさんの場所を観光したかったから」（73・3%）

という項目に対応する「たくさんの場所を観光できたこと」を選んだのは49・6％に留まった。「その他」を除くと、「たくさんの場所を観光」以外の項目は前期調査よりも後期調査の方が高い数値を示している（**図5－4**）。

ワカコ（24歳、♀）が「色々な人がいるんやなあって思って。さめてる人もいて、あつい人もいて、出会えて楽しかった」と語り、ヒトミ（23歳、♀）が「乗って良かったと思う。色々な職業をしてた人たちが一つのところに集まっていて、色んな話を聞けたから」と語るように、クルーズの感想を聞いても、まずはじめに船内生活について振り返る若者が多かった。

アユム（23歳、♂）がピースボートで得られたと話すのも、やはり船内での人間関係である。そして彼は、その関係を帰国後も続けたいと願っている。

「友だちができてここだけの関係にしたくないなって。満足度は80％くらい。色んなことをみんなでやって知り合いが増えた。今は楽しいけど、これが終わっちゃったら寂しい」

観光ではなくて人間関係

調査からは、観光には満足できなかったが船内生活で得られたものに価値を見いだした若者が多いことが想像できる。

ピースボートは各寄港地に、基本的に1日しか滞在しない。朝の9時に入港して、20時頃には出航という国が多かったので、平均滞在時間は10時間ほどである。しかも62回クルーズは船体トラブルの影響で、寄港時間が大幅に削られた寄港地も存在した。そのため、観光に関する満足度はそこまで高くなかったのだろう。

だがそれを圧倒する形で、船内での人の出会いや非日常を味わえたことが多くの若者にとって印象的だったようだ。意地悪な見方をすれば、観光体験が満足できなかったため、船内生活の充実をアピールせざるを得ない人もいただろうが、それは大した問題ではない。

そもそも前節で見たように、ピースボートの若者にとって、「世界」は「世界」以上でも以下でもないことが多い。具体的な世界各地に訪れることよりも、「世界一周をした」という事実の方が大事なのである。

国を愛する気持ち	ピースボート（18〜30歳・前期）(N=66)	ピースボート（18〜30歳・後期）(N=66)
	(%)	(%)
非常に強い	1.5	0
どちらかといえば強い	16.7	10.6
どちらともいえない	34.8	43.9
どちらかといえば弱い	31.8	30.3
非常に弱い	15.2	15.1

表5−5　「国を愛する気持ち」の変化

ナショナリズム意識の変化

クルーズ中に乗船者のナショナリズム意識にどのような変化があったのかを見てみよう。前期調査と後期調査を共に回答した人を抽出してみると（N＝66）、前期よりも後期の方が「国を愛する気持ち」が「強い」と答えた人が減っており、「どちらともいえない」という人が増えている（**表5-5**）。また、「国を愛する気持ち」を育てる必要性に関しては、あまり変化がないものの、「そう思わない」人がやや増えている（**表5-6**）。

前期よりも後期の方がナショナリズム傾向が弱くなったのは、船内における様々なイベントや、ピースボート上で出

国を愛する気持ちを育てる必要がある	ピースボート（18〜30歳・前期）(N=66)	ピースボート（18〜30歳・後期）(N=66)
そう思う	34.8 (%)	34.8 (%)
そう思わない	37.9	40.9
わからない	27.3	24.2

表5−6　「国を愛する気持ち」を育てる必要性の変化

会う人びとの影響が強いと思われる。「9条ダンス」関連のイベントでは、「過剰な愛国心が戦争を引き起こした」ということが議論されたり、また船内にゲスト講師として乗船した朝日新聞の記者などが同様のレクチャーを行った。

しかし、「国を愛する気持ち」が「弱い」と答えるようになった人は少なく、増加しているのは「どちらともいえない」という選択肢である。これは、今までは素朴に「日本を好き」と言えていたが、そのような話を聞くうちに、果たしてそれでいいのかと内省的になった若者たちの「悩み」が、「どちらともいえない」という選択肢を選ばせたと考えることができる。「やさしい」若者たちは悩んじゃったのだ。

アイデンティティの変化

ピースボート乗船中に自己意識にはどのような変化があったのだろうか。前期調査と後期調査を共に回答した66人を抽出して、その変化を見ていく。まず、前期調査では57・8％が持っていた自己肯定意識は、後期調査では49・9％へ低下している。

自己肯定意識が肯定から否定に転じた「自分探し型」のマリカ（23歳、♀）は、前半までは様々なアクティビティに積極的に関与していたが、中期から何人かの友人とのみ付き合うようになっていた。他に自己肯定意識が否定に移行した10人を個別で見ると、マミ（23歳、♀）やヨウジ（23歳、♂）など、うち7人はクルーズ中期以降、固定されたグループにのみ関与するようになった乗船者だった。

「場面によって出てくる自分が違う」と感じていたのは前期で84・8％だったのが、後期では92・3％まで上昇した。しかし「自分がわからなくなる」と答えていた人が前期で66・8％だったのが、後期では56・1％まで低下した。これは、「自分」というものの多様性を受容して、様々な「自分」があり得ると考える人が増えたことを示唆するデータである。

実際、「自分らしさを貫くことが大切だ」と答えた人はやや減少して、前期が66・7％

船内の和室でゲームに興じる

で後期では60・6％だった。つまり、「自分」というものを柔軟に捉えられるようになった人の増加を意味すると考えられる。同時にそれは「自分探し型」を中心に、ピースボートが不確かなアイデンティティを補完するための共同体にはならなかったことも示唆している。

クルーズは日常だった

若者たちの語りから見えてくるのは、ピースボートが決して人生を変えるような劇的な体験ではなかったということだ。世界の様々な土地を巡りながら、ほとんどの若者は船内での人間関係や自己内省による「気づき」を通してクルーズを振り返る。

当初は観光を乗船動機として挙げていた人も、船内での出来事をクルーズで得られたこととして語っていた。その意味で「世界」はあくまでも背景であり、異国での「大交流」は自分たちの感動を彩るための舞台装置に過ぎなかったことになる。

ナショナリズム意識や自己意識に変化は確認できたが、それはアイデンティティに変容を迫るというよりも、それまでの自分にわずかな揺さぶりをかけられたがゆえの変化と言える。それが「国を愛する気持ち」を「わからない」と答えた人の増加や、自己一貫意識を持つ人の減少につながったのだろう。

若者たちは船を降りてからどうなったのだろうか。追跡調査をした。

第6章

あきらめの舟

グリーンランドでなごむ若者たち（船に穴があく前）

いよいよこの本も佳境に入ってきた。

本章ではピースボートに乗った若者たちの帰国後の姿に迫っていく。「現代的不幸」をきっかけに、ピースボートという「承認の共同体」のメンバーになった若者たち。ピースボートは、彼らに何を残したのだろうか。9条ダンスを踊ったあの熱狂、難民問題に流したあの涙、勝ち負けにこだわらないあの「やさしさ」の行方を追った。

6-1 終わらないピースボート(セカイ型・文化祭型)

ルームシェアする若者たち

帰国後半年が経って行ったインタビューで、「セカイ型」のナナミ(24歳、♀)は「うーん、あんまり気分には変化がないかな。船の中で仲が良かった人とは今でも普通に仲がいいし。船が何かを残してくれたっていうよりも、友だちの関係が残ってるって感じ」と語る。帰国後、彼女はピースボートで獲得した社会関係資本をもとにルームシェアを始めた。

社会関係資本（ソーシャル・キャピタル）とは流行の社会学用語で、要するに「人脈」とか「人間関係の豊かさ」のことである。だったらそう言えばいいと思うのだが、かっこいいので本書でも社会関係資本という言葉を使う。

ナナミは船内で英語講師をしていた女性（27歳）としばらくは埼玉に住んでいた。しかしショー（25歳、♂）の住む東京のマンションに部屋が一つ余っていることを知り、「おしゃれな場所に住みたい」という想いで、すぐに引っ越しを決意した。ちなみに、ショーには当時船内で知り合った恋人がおり、ナナミとの恋愛関係はない。

彼女のように、帰国後にルームシェアを始めた「セカイ型」と「文化祭型」の若者は多い。たとえば船内で様々なイベントを企画していた「文化祭型」のヒロシ（25歳、♂）とヨシオ（24歳、♂）は帰国後まもなく、共同でビジネスを始めるため東京都のマンションに部屋を借りた。ここは船内で彼らのグループに属していた人びとのたまり場のようになっていて、不定期に彼ら以外の居住者が替わっていた。他にも筆者が知る限り、20人程度の若者たちが何らかの形でルームシェアをしていた（＊20）。

彼らの関係性の強さを示すのはルームシェアだけではない。船内で結婚式を挙げたカップルがいたのだが、その2人を訪ねて福岡へ行くツアーには26人もの参加者があったという。「超うるさかった。コウジ（24歳、♂）とか、バスに乗っているのに叫んでて。まるでピースボートの時みたい」とミカ（20歳、♀）が言うように、船内と同じような雰囲気での旅行だったという。

頻繁にホームパーティーを開くのも彼らの特徴だ。ヒロシとヨシオの住んでいた家では、月1度以上の頻度で夕食会が開かれていたし、誰かの誕生日には船内の時と変わらずにパーティーを開き、手の込んだお祝いスライドまで作成することもある。帰国後2年近くが経過した2010年夏でも、ホームパーティーを開けば10人以上の若者が集まるということが珍しくない。

もう、政治運動には関わらない

このように「セカイ型」と「文化祭型」の若者は、船内と同様にその「共同性」を維持していることが確認できる。しかし興味深いのは彼らの「共同性」を支えていたはずの「目的性」（「政治性」）が既に漂白されてしまっている点だ。憲法9条はどこに行ったの？

もともと「文化祭型」は世界平和についての想いを熱く語ることはなかったが、「セカイ型」の若者さえも世界平和や難民問題などの政治的な話をすることは、もはやほとんどない。ホームパーティーなどで語られるのは、せいぜいピースボートでの思い出話だ。9条ダンスを踊っていたｐｒａｙｅｒ９も、ほとんどのメンバーは日本に戻ってきて政治運動に関わることはなかった。

　象徴的だったのはヨシオたちが中心となって企画した帰国1周年記念パーティーである。２００９年の9月に横浜で開かれたパーティーには、日本全国から200人近い若者たちが集まった。注目すべきは、このパーティーにはプログラムが一切なかったということである。

　ヨシオたちが簡単な司会を行い、2次会ではクルーズを振り返るスライドこそ流されたが、パーティーでは「ピースボート的な」イベントは一切行われなかった。9条ダンスもないし、平和を呼びかけることもないし、もちろん募金なども行わない。ただ、集まった人同士が近況や思い出を語り合って、パーティーの夜は更《ふ》けていった。

　考えてみれば「セカイ型」はそもそも「自発的に」政治的な問題に関わっていた訳ではない。9条ダンスという装置があったから憲法9条について学び、パレスチナのキャンプへ行くから難民問題についてグループワークをしていたのである。あくまでもピースボートという「制度化」された「島宇宙」へ参入したのであって、それは「政治性」へのコミットメントではなかった。

もちろん、既に述べてきたように若者たちは「世界平和」に興味関心がなく、ただ関係性を結ぶためだけにピースボート共同体に参加した訳ではない。むしろ彼らは真剣に「世界平和」について悩むし、時には涙も流す。

しかしそれは「世界平和」という「目的性」に集った「共同体」というよりも、「共同性」を維持させるために偶有的に「目的性」が召喚されていたコミュニティと考える方が自然だろう。本人たちにそのつもりはなくても、「世界一周」や「世界平和」は感動や盛り上がりのための「ネタ」だった、というのは言い過ぎだろうか。

お金がなくても、友だちがいる

「セカイ型」や「文化祭型」の社会的属性を見ると、学生は別として収入などの面で乗船前より悪い条件で働いている人もいる。しかしその経済的資本（お金）の減少を補うのが、社会関係資本（つながり）である。ルームシェアをすれば、家賃や光熱費という固定費を減らすことができる。ルームシェアでなくとも、いつでも遊べる友人が増えるのは楽しい。彼らはお金がなくても、ピースボートでできた友だちと仲良く楽しく暮らしていけるようになったのだ。

ナナミ（24歳、♀）は、船内では友人とスモールビジネスを起こす気でいた。「何か会社を起こしたい。自分たちで何かしたいんだよね。できれば地球にいいことをしたい」とただ「起業」「社会貢献」という想いだけが先走っていた。しかし、今ではすっかりその話を忘れたように楽しくフリーター生活を送っている。

船内で9条ダンスを熱心に踊っていたユウスケ（20歳、♂）も、ピースボートで知り合った友人たちと強い共同性を維持しながら、最近では地道なアルバイトをしている。船内で語っていた、平和活動のために日本を回る、という夢はとりあえず棚上げになったようだ。もちろん政治的なものに対する興味は失ってはいないだろうが、一途《いちず》すぎて危なっかしい雰囲気のなくなった彼は、少し大人になったような気がした。

6-2 モラトリアムの終わり（観光型）

「観光型」は日常へ戻る

「観光型」の若者はピースボートを経て、何事もなかったかのように日常へ戻った人が多い。そもそも「観光型」は看護師などの資格保有者やSEなど技術保有者も多く、社会的地位の移動が少ない。彼らはもともとピースボートの「政治性」から距離を置いていたし、「共同性」にコミットしていた訳ではないから、価値観や思想信条の大きな変化は想定できない。

エリ（24歳、♀）はピースボートに乗ったことを周囲には隠すようにしているという。「観光。それ以外は何も期待してなかった」と乗船理由を語る彼女は、ピースボートの経験をあくまでも観光体験として受容していて、ピースボートの理念や価値観に対しても否定的だ。

「ピースボートで変わったことは何もなかった。（ピースボートには）もう絶対に乗らないと思う。みんな無駄に熱い。気持ちがね。ひいてた。夢が経営者になりたいとか、海辺でバーを開きたいとか、何を熱く語ってるのみたいな。だけどそういう人ほど結局ニートをしとるけん、早く行動しろよって（思う）」

そんな彼女が「ピースボートに乗って良かったこと」として述べるのは、「世界遺産を見れたこと」という観光体験、そして「友だちができたこと」である。とはいえ、帰国後も連絡を取るのは同室だった2人を含めて10人程度。未だに数十人規模の濃密な共同性を保有している「セカイ型」や「文化祭型」とは対照的だ。

だが「観光型」とは言っても、ただ単純に「観光」だけが目的でピースボートに乗船した人は少ない。もしも目的地が明確ならその場所へのパックツアーなどに参加すればいいし、旅行期間の半分以上を船上で過ごすピースボートは、通常の「観光」とは大きく違う。ピースボートという「新・団体旅行」に参加したということは、たとえ「政治性」や「共同性」から距離を置いていたとしても、何らかの「現代的不幸」を彼らが抱えていた可能性が大きい。

地方で看護師をしているリカコ（26歳、♀）は、「変わることを期待して乗ったけど、やっぱり何も変わらなかった」と帰国後5カ月目のインタビューで答える。「大きなイベントに参加したら自分も変わると思ったの。世界をまわって、日本から離れたら。確かに色々な価値観に触れられたことはいいと思うけど、でも何も変わらなかった」

「変わらなかった」と語る彼女は「変わりたい」と願うモラトリアムの日々に、ピースボートを通して終止符を打つことができた。帰国間際には「日本に帰ったらこの船のことは、夢だったみたいに、何もかもなくなりそう」と言っていたが、事実乗船前と変わらずに彼女は看護師として忙しい日々を送っている。

乗船前と同じ業種に戻り、システム会社で正社員として働いているミナミ（28歳、♀）は、ピースボートを振り返り「燃え尽きた」と語る。「死ぬまでに行きたかったマチュピチュとガラパゴスに行けて、もう何も後悔はない」と言い、「今までは色々なやりたいことに追われてせかせかしていたけど、一番にやりたいことをやっちゃったからもう何もいらない」という。「ただ穏やかに一日一日を過ごしている」と、彼女は日本で「終わりなき日常」を生きている。

でも合コンとかは一緒に行く

ただし「観光型」の若者たちも、船内で獲得した社会関係資本を活用していることは「セカイ型」や「文化祭型」と変わらない。ルームシェアのようなことはしないが、船内で仲良くなった友人との付き合いを、帰国後も継続していることが多い。

たとえば乗船前と同じ社会的地位に戻ったリカコでさえ、家が近いマキ（26歳、♀）と一緒に合コンへ行ったり、東京に旅行をしたりしている。ミナミも数カ月に一度というペースではあるものの、船内の友人たちとのホームパーティーには参加している。船内ではほとんどイベントに参加せず、限られた友人とだけ行動を共にしていたミク（29歳、♀）もピースボートを振り返り、「船で出会った人たちとは次いつ会えるかわからないけど、私にとったらかけがえのない大切な人たち」と語る。特に同室のメンバーに対しては「初日から前からの友達みたいになれたのはほんまにメンバーに恵まれてたな」と述懐する。

もっとも「観光型」の人は、もともとピースボート以外のネットワークを保有している人が多い。アズサ（23歳、♀）であれば地元の友だち、エリ（24歳、♀）であれば職場の同僚や専門学校時代の友だちというように、彼女たちはピースボートコミュニティに依存しなくても良いだけの人的リソースを保有している。その意味で彼らがピースボートで形成した社会関係資本はワン・オブ・ゼムに過ぎないとも言える。

6-3　終わらない自分探し（自分探し型）

海外志向とクリエイティヴ志向

ピースボートの「政治性」から抜け出し、ただ「共同性」だけが残った「セカイ型」の若者と違い、日常にうまく再着陸できずにいるのが「自分探し型」の若者たちだ。

彼らに共通するのは、ピースボートが終わってもなお強まる「自分探し」志向である。
マリカ（24歳、♀）とテッペイ（20歳、♂）は船内で意気投合し、住んでいる場所が近いこともあり帰国後も交流を続けている。彼らは難民問題や環境問題に強い関心を持ってピースボートに乗り込んだものの、船内トラブルなどの影響で次第にピースボートの「共同性」から距離を置くようになっていた。マリカは「途中からどうでもよくなっちゃった。狭い社会が嫌になった」のだという。「あれは夢の世界だからね」とピースボートのことを回想する。
彼らは仲介会社「ラストリゾート」を利用して、２００９年の冬からワーキングホリデーに行く。それは日本にいたら見つからない「何か」を探すためだという。

「日本にいたら何も変わらないから、海外に行っちゃおうと思って。世界を見たい、というよりも何かを見つけたいっていうのが近い。日本以外の国の生活感を感じたい。何をやるにしても英語をできるのは強いからね。できたら就労ビザに切り替えてもう何年かいたい」

「自分探し型」の若者には、帰国後も「海外志向」や「クリエイティヴ志向」が強まった人が多い。ソラ（27歳、♂）は帰国後すぐにフィリピンへ3カ月の語学留学へ進んだ。それは船に乗って「英語とか海外」に興味が向くようになったからなのだという。特にヨーロッパの離脱中に（＊21）「英語を話せたら、もっと色んな出会いや発見があった」と感じて、英語の勉強をしようと決めた。

船内では「観光型」と「自分探し型」の中間にいたマサミツ（21歳、♂）も、日本に帰って来てから英語の勉強を始めた。ピースボートに乗って外国人クルーと思うように話せなかったことが理由だという。彼は美容師免許を持っているのだが、まだ就職する気はない。ワーキングホリデーに行くことも考えているという。

カズトシ（21歳、♂）は帰国後、「何かイベントやアクションを起こしたい」と言い続けてきた。様々なアルバイトを掛け持ちしながら、実際に映像作品の制作に関わったり、「クリエイティヴなこと」をしている。２００９年12月には彼が中心となって組織されたアートイベントが開催された。100人規模の小さなものだが、ピースボート乗船者だけではない多様な人間がそこには集まった。彼の試みは、ピースボートで生まれた「つながり」と、ピースボート外で生まれた「つながり」の架け橋になるのかも知れない。

ピースボートでは癒えない「不幸」

「共同性」にコミットできなかった彼らにとって、ピースボートは「現代的不幸」を癒す装置としては機能しなかったようだ。「自分探し型」は、「セカイ型」や「文化祭型」と違って共同性の中に埋没せずに、今もなお「生きる実感」や「自分らしさ」を求め続けている。むしろ、彼らはピースボートをきっかけとしてさらに「海外志向」や「クリエイティヴ志向」が強まったようにも見える。

それはまず、ピースボート経験が彼らにとって満足できるものではなかったからだろう。短い寄港時間やツアー、ほとんどが船上で過ごすピースボートのクルーズ、「箱庭」の中の「世界」は、彼らの「現代的不幸」を解消させるものではなかった。

しかし同時に、ピースボートを通じて「自分探し型」の若者は、「自信」と「つながり」を獲得した。マリカ（24歳、♀）はピースボートに乗ってからは、細かいことに「悩まないようになった」という。「日本にいる限り、すべてはくだらないなって。だって殺されることはないし、道に迷っても日本語が通じるし。喉が渇いたらコンビニでお金を出せば何でも買える」と「日本の豊かさ」について彼女は語る。マサミツも、船内での友人との出会いを通して、「ちゃんとしなくても生きていける」ということに気づいたのだという。

「乗る前はすごい頑張ってたんですけど、船に乗って嫌々頑張らなくても何とかなるってことに気づいたんです。全然やる気のない人がなんとかなっていて、これでいいんだって」

そしてカズトシが「何も変わってないけど、友だちは増えた」と語るように、社会関係資本が獲得できたという点は他の類型とも共通する。しかし「セカイ型」や「文化祭型」のように数十人と濃密な関係性を保っている訳ではなく、「観光型」のように船内で親しくなったメンバーとのみ交流を続けていることが多い。そこでの「つながり」とは、「セカイ型」や「文化祭型」のような「共同性」というよりも、個人と個人が何らかの目的に応じて共同活動を行う「関係性」を意味する。

こうして「自分探し型」の若者は、ピースボート経験が不本意なものだったがゆえに、当初の乗船動機を保持したまま、ピースボート船内で獲得された「自信」と「つながり」という資本をもとに、帰国後もなお「自分探し」の旅を続けているのである。

付け加えておくと、「自分探し型」は果てしなく孤独な旅を続ける訳でもない。カズトシが映像制作やアートイベントを通してピースボート内外に様々なコミュニティを持ったように、ピースボート外にも新たな「承認の共同体」が生まれている。

6-4 「あきらめの舟」としてのピースボート

「社会的老化」と「冷却」

ここまで、ピースボートに乗った若者たちの日本帰国後の姿を見てきた。本書では共同体を「共同性」と「目的性」によって整理してきたが、この章で見てきたように、「セカイ型」の若者でさえ「共同性」こそ維持しているものの、もはやそこに明確な「目的性」は存在しないことが明らかになった。

もちろん彼らが「ルームシェアによって家賃を安くする」など現実的にはいくつかの目的を共有した集団であることには変わりがないが、ピースボート乗船中に見られた「世界平和」や「9条護持」という、「共同性」を担保していたはずの「目的性」は、既にそこでは失われていた。世界中で9条ダンスを踊り、「世界平和」について熱く語り合っていたprayer9でさえ、日本において政治運動に参加することはないというのが象徴的である。

つまりピースボートという「承認の共同体」は、社会運動や政治運動への接続性を担保するどころか、若者たちの希望や熱気を「共同性」によって放棄させる機能を持つと言える。それはフランスの超有名社会学者ピエール・ブルデューの提出した「社会的老化」という概念に近い（Bourdieu 1979=1990: 173）。訳文でわかりにくいが、本書の権威付けのために引用しておこう。

「社会的老化」とは、「自分の願望を今ある客観的可能性に合わせ、そうして自分の置かれている存在状態と折りあいをつけて、自分があるがままのものになろうとし、時運がもっているだけで満足しようとするようしむけられてゆく」作用のことである。「彼らは、あらゆる側面的な可能性を少しずつ途上で捨てながら葬り去り、あまりにも長いあいだ実現されぬままであったために実現不可能と認定された希望をすべて断念する」という。

ブルデューの「社会的老化」と似た概念に、こちらも超有名な社会学者アーヴィング・ゴフマンの「冷却」論がある（Goffman 1952）。ゴフマンは、詐欺の被害や求愛の失敗などの非自発的喪失に対して、失敗をうまく受容し平穏な生活に戻れるようにする所作のことを「冷却」と呼んだ。ピースボートが果たした役割は、この「冷却」

に他ならない(＊22)。もはや「世界平和」と叫ばずに、船内で獲得された共同性に寄り添いながら暮らしている若者たちの姿は、「社会的老化」や「冷却」をうまく果たした者の典型例ということができる(**図6-1**)。

ピースボートは二重の「冷却」装置

ここでいう「冷却」とは二重の意味を持つ。

一つ目は「現代的不幸」という「生きづらさ」の解消である。第1章で見たように、後期近代に生きる僕たちは誰もが「自分らしさ」を求める競争に参加させられている。そんな「自分探し」をする人びとに対して、ピースボートの提供する理念は「リアリティの変換」という「冷却」機能(Clark 1960)を持つ。

つまり、それまでの「まだ見ぬ自分」や「生きる実感」を求める「自分探しの旅」という支配的価値から離脱し、若者は「世界平和」や「地球一周」という理念にコミットメントすることによって一度、「自分探し」熱を冷ますことに成功したのである。「自分の役割はこれだ」と。

さらにピースボートは世界一周クルーズを通して、「世界平和」という自らが提供

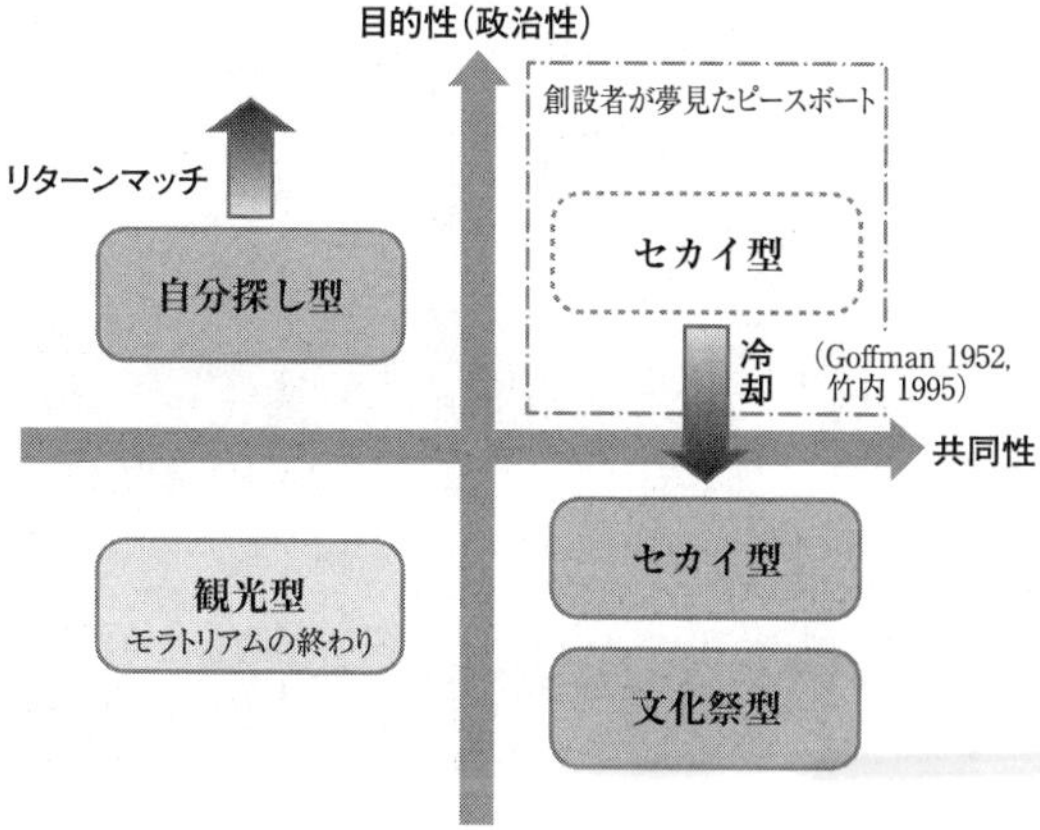

図6−1　アフター・ピースボート

した希望をも「冷却」させる効果を持つ。

特に「セカイ型」にとって、ピーセン期間やピースボート船内では「政治性」が一応は機能しているかのように見えた。それは、9条ダンスなどの装置によって、「世界平和」などの「政治性」が『置き換え不可能』というロマン的定義が刻み込まれた置き換え可能な記号」(大澤・北田　2008：292)として成立していたからである。

だが、若者たちは「世界平和」という「政治性」の実現のためピースボートに集まった訳ではない。それは「現代的不幸」の受け皿の一つとして、「心」や「アイデンティティ」という問題が「世界平和」と渾然一体となったピースボートを、

そしてホームパーティーは続く

ただ若者が選択したからに過ぎない。

「セカイ型」の若者たちはピースボートが創り上げた「共同性」へコミットすることで、「世界平和」の実現という希望をも「冷却」させていった。もう「世界平和」とか言わないでも、友だちと楽しく暮らしていけるのである。

それは「セカイ型」に最も強く確認できる傾向であるが、ピースボート乗船者の多くが「現代的不幸」を乗船動機に挙げていたことを考えると、他の類型においても「冷却」効果はある程度機能したと言える。

一方で「現代的不幸」を抱えながら、ピースボートの「共同性」にコミットできなかった「自分探し型」は、帰国後も「自分探し」アスピレーションを維持し続ける。むしろ、彼らはピースボートをきっかけとして「自分探し」のリターンマッチを繰り返す。「セカイ型」が「冷却」を果たし、「自分探し型」がリターンマッチを行うという事実は、「現代的不幸」が社会的承認ではなく、「共同性」の提供する相互承認によって慰《い》撫《ぶ》できるものであることを示している。つまり、「共同性」こそが「目的性」を「冷却」するためのカギなのである。

こうして若者たちは「あきらめた」

前項では、帰国後の若者たちの姿について「社会的老化」と「冷却」という超有名社会学者の概念を使って説明した。これは、普通の言葉でいう「あきらめ」や「大人になる」に近い。

第5章でのピースボート船内でのお祭り騒ぎと、第6章の帰国後の若者たちの姿を比較して何を感じただろうか。僕は彼らが「憲法9条」とか「世界平和」などというやたら大きな希望を「あきらめ」て、「大人になった」ように感じるのである。

この感じ、第2章で取り上げた昔のカニ族の旅に似ていないだろうか。カニ族たちは北海道で貧乏旅行をし、自分を見つめ直した後は「髪を切って」企業戦士になっていった。「『いちご白書』をもう一度」の時代と違うのは、ピースボートの若者たちが参入した「共同性」が企業ではなくて、友だちだということだ。

ピースボートが残したこのつながりは、まさに「承認の共同体」と呼ぶことができるだろう。若者たちが「そのままで認めあえる関係」にあるやさしい居場所。お金はなくても、友だちがいて楽しい日々。ああ、よかったねと思えるあなたは本書の立場と同じようだから次の章は読まなくてもいい。

しかし本当にこれでよかったのかと怒っている人がいるはずだ。そんな人はまだあきらめないで、次の章を読んで欲しい。

第7章

だからあなたはあきらめて

グリーンランドで揺れるたんぽぽの綿毛

いよいよ最終章である。本書の「発見」は第6章までで披露してしまったので、この章ではその「発見」が何を意味するのかを考えていく。

まず、希望を描いた。現代における新しいムラの可能性だ。次に、絶望を述べた。「承認の共同体」の限界と落とし穴。そして最後には、現実を記した。それが希望か絶望か、楽観か悲観かは読者の方が判断して欲しい。

7-1　村々する若者たち

反抗なき通過儀礼

「セカイ型」と「文化祭型」の若者たちは「共同性」による相互承認によって、「憲法9条」や「世界平和」という大きな希望を「あきらめ」た。もちろん、本人たちに聞けば平和問題への関心や、環境問題への興味を失ってはいないと言うだろうが、何かの活動に参加したり行動を起こしたりせずに、友だちと日々の生活を楽しく送っているという事実が何よりも雄弁にピースボート効果を語っている。つまり、本人たちが主観的には「あきらめた」という意識を持つことなく、しかし客観的には「あきらめた」ようにしか見えない「冷却」をピースボートは与えてくれたことになる。

この「大人になった」感じは確かにカニ族の旅とも似ている。だけど、「大人になる」という意味がカニ族の時代と、ピースボートの若者たちでは大きく違う。カニ族たちの旅は「学生」から「企業で働く社会人」という社会的地位の変化と共に行われた。彼らは学生時代の総決算として旅に出かけ、企業で働く「大人」になった。一方で、ピースボートの若者たちはクルーズを通して社会的地位の変化があった訳ではない。せいぜい、「精神的に大人になった」とかその程度の意味だ。

その意味でピースボートを「通過儀礼」と呼ぶことはできないだろう。アーノルド・ファン・ヘネップ（Gennep 1909=1977）という大昔の文化人類学者が言ったように、子どもから大人、未婚者から既婚者など社会的な位置の変更の際に行われるのが「通過儀礼」である。

だけど、ピースボート空間はやっぱり「通過儀礼」に見えてしまう。文化人類学者のヴィクター・ターナー（Turner 1969=1996）はファン・ヘネップの通過儀礼論を発達させて、コミュニタスという概念を作った。それは祭りや巡礼の最中において、人びとが日常のルールや社会的地位から自由になれる非日常空間のことである。船上でのニックネーム・タメ口制度などピースボートはコミュニタスに見えなくもない。ターナーはコミュニタスに「反構造」という原理を期待していた。つまり、コミュニタスとは既存の社会構造に対立し、その構造に異義申し立てを行う集団であるというのだ。彼によれば、現代版のコミュニタスがカウンター・カルチャー（対抗文化）なのだという。しかし残念ながら、ピースボートを見る限り、それが「反構造」だとはとても思えない。

ムラムラする若者たち

ピースボートが残した、「目的性」のない「共同性」だけのコミュニティ。これって何かに似てないだろうか。そう、ムラである。ムラには、生活を共にするとか、いざという時は助け合うとか、そういう意味での目的はあるが、社会的ミッションのようなものはない。

このような目的のない血縁や地縁をもとにした集団を、古典的な社会学では「コミュニティ」と呼んだ。その「コミュニティ」に対比されるのが「アソシエーション」だ（＊23）。「アソシエーション」とはある目的のために人が集まった企業などの集団を意味する。色々と批判もあるのだが、前近代という「コミュニティ＝ムラ」の時代から、近代は「アソシエーション＝結社」の時代になったとよく説明される。

近代は、この「アソシエーション」の時代だったはずなのだ。身分や階級から自由になった個人が、「お金儲け」のために企業を作り、「教育」のために学校を作り、「平和活動」をするためにピースボートを作る。本書の図式で言うと「目的性」と「共同性」の重なっている部分、まさにホネットが「共同体」と呼んだ領域である。

しかし、「セカイ型」と「文化祭型」の若者が辿りついたのは、「目的性」がなく「共同性」だけのぬくぬくした温かい居場所だった。それはまさに「コミュニティ＝ムラ」そのものである。

下品な言い方をすれば、希望難民たちは「現代的不幸」に対しムラムラして（衝動や感情が抑えきれないこと）ピースボートに乗り込み、目的性を冷却させた結果、「村々する若者たち」になったのである。

コピーライター気取りでもう少し口を滑らせておけば、現代は「ムラムラ（村々）する時代」と表現することができるだろう。多くの人が日常に閉塞感を抱くと同時に、そこからの出口を探している。この何かをしたいという「ムラムラ」する気持ちを抱えながら、実際には決まったメンバーと同じような話を毎日繰り返して「村々」している。そして「ムラムラ」を「村々」へ再編成する装置がピースポートなどの「承認の共同体」なのである。

ムラはいつまで続くのだろう

この現代に出現した新しいムラは、どれくらいの期間存続することができるのだろう。一部の学者たちは現代における共同体を、「ほんの一瞬の止まり木」として描く。

たとえば数奇な運命を辿った社会学者のバウマン（Bauman 2000=2001）は、「クローク型共同体」や「カーニヴァル型共同体」という言葉を使う。

ばらばらな関心を持った人も、劇場で観客席に座る前にはクロークにコートや荷物を預ける。そして公演中は日常の趣味は棚上げされ、観客たちは舞台に視線を注ぎ拍手喝采《かっさい》し、驚きに息をのむ。しかし彼らは演目が終わるとクロークから預けたものを受け取り、日常へ戻っていく。このように一瞬だけ人が集まり、別れていく共同性のことをバウマンは「クローク型共同体」と呼んだ。

同じような感覚は、一時期やたら日本の研究者に人気だった社会学者ミシェル・マフェゾリ（Maffesoli 1991=1997）も共有している。彼は、旧来の宗教や階級に代わって、スポーツや音楽などを媒介とする新しい「情緒的共同体」が出現していると語る。それは一時的な情緒や感情の共有による共同性が成立させている「部族」である。こんな風に短期間だけ、それも一時的に行われる集団形成のことを、イギリスの社会学者ジェラード・デランティ（Delanty 2003=2006）はまとめて「ポストモダン・コミュニティ」と呼んでいる。ネーミングセンスがないのは学者なので許してあげて欲しい。

要するにこのグニャグニャした時代に、固定的な共同体は似合わないのである。伏線を回収しきれずに終わった『20世紀少年』というマンガがある。ネタバレにはならないと思うが、そのラストシーンが音楽フェスティバルだったのが象徴的だ。「ともだち」のような全人格的なコミットメントを要求する宗教の時代が終わり、その場の熱狂でしか人びとをつなげない祭りの時代に、僕たちは生きている。

さあ、このグニャグニャした時代に、ピースボートの残したムラは生き残れるのだろうか。少なくとも帰国後2年近くが経った段階でも、乗船者たちの交流は続いていた。集合と離散を繰り返しながらもルームシェアを続けている人は多いし、ホームパーティーにはかなりの人数が集まる。だが確かに「共同性」の濃度は少しずつ下がり始めている。

ピースボートが残した希望

キーワードは「開放性」だと思う。ユウスケ（20歳、♂）がピースボートの友だちを招いてバーベキューパーティーを開いた時のことだ。彼が住むのは東京下町。家のそばにはまだ商店街が残り、地元や親戚との交流も盛んだ。年齢が10歳以上離れた「かっこいい」おじさんが火のつけ方を教えてくれる。ユウスケの妹と昨日公園でたまたま知り合ったばかりという女子高生も、すっかり場の雰囲気に馴染んでいる。

こんな「開放性」を持てたのならば、「共同性」がゆるくなっても、その共同体は少しずつ形を変えながら継続していくことができるのではないだろうか。「カーニヴァル型共同体」のような一瞬だけ爆発のように盛り上がって、またすぐにばらばらになってしまう個人を想定しなくてもいい。「開放性」があるならば、人は「ゆるく」、だけど離れきらずに関係性を続けていける気がする。

特に、ピースボートの若者は「やさしい」。「つくる会」の人びとがアイデンティティ不安を「サヨク」の忌避という外部に求めたのと違って、ピースボートの若者たちはその答えを自分の内面に求め、「右翼」を攻撃しようとはしなかった。Tさんたち年配者に対して、時には異質なものとして怯《おび》えながらも、結局泣き崩れることしかできなかった。そんな「やさしい」若者たちは、「開放性」と共に新しいムラを維持していくことができるのではないか。と、ここで終わればこの本は希望だけを残せたのに。まだ大事な論点が残っている。

7-2 「居場所」があきらめさせる夢

居場所の落とし穴

「セカイ型」と「文化祭型」の若者たちが、お金がなくても楽しく暮らしている様子を第6章では描いた。もう世界平和とか、憲法9条とかも言わない。これは「承認の共同体」が政治運動につながる可能性を打ち砕くものだ。「一緒に楽しく暮らしている」という「共同性」の与える相互承認が、「世界平和」といった政治的な「目的性」をあきらめさせてしまったのである。

これは「居場所」の落とし穴とも言えるだろう。世の中的に「居場所」は良いものということになっている。たとえば若者支援施設や青少年ユニオンに関する言説には、「居場所」という言葉がよく出てくる。ユニオンとは昔の言葉でいう労働組合のことだ。

実際、若年層を中心に企業や労働形態の枠に縛られないユニオンが増えている。首都圏青年ユニオン委員長の武田敦（２００９）は、ユニオンは「闘うための、闘わないでいい居場所」だという。社会的にも心理的にもボロボロになった若者が、悩みを打ち明け一緒にご飯を食べることなどを通して、そこには「やさしいつながり」が生まれる。武田は若者にとっての「居場所」でありながら、社会を変えるための拠点がユニオンだという。

ホームレスや生活困窮者への支援を行うＮＰＯ「もやい」も、「居場所」という言葉をよく使う。彼らが考える「居場所」とは、個人の自由意思が尊重され、多様な価値観が共存でき、人びとが様々な形で関わり合える空間のことである。一緒に餅つきなどをする疑似家族的な空間でもあるらしい（冨樫　２００９）。

もちろん、これらの若者支援団体が「居場所」としての機能を果たしながら、社会の構造を変えていく原動力となることも可能性的にはあり得る。まさに、ホネットが考えるように。しかし本書で見てきたのは、「居場所」という「共同性」に回収されてしまうことで、当初の「目的性」が冷却されてしまう可能性だ。仲間がいて楽しければ、もう社会変革とかはどうでもよくなってしまうのではないか。

ピースボートの事例だけで全ての「目的性」が「共同性」によって冷却されてしま

うと言うことはできない。しかし、「居場所」でありながら社会を変えるようなプロジェクトの困難性を、ピースボートの事例は示している。

若者の右傾化（左傾化）は怖くない

「共同性」による「あきらめ」は、現代日本における社会運動の難しさと同時に、その「安全性」を示すものである。たとえば一部の大人が騒いでいた「若者の右傾化」。小林よしのりが1998年に出版した『新ゴーマニズム宣言SPECIAL 戦争論』は70万部を超えるベストセラーになり、2002年の日韓共催ワールドカップでは日の丸を手に選手を応援する若者たちの言動が「ぷちナショナリズム」（香山 2002）と呼ばれたりもした。また「ネット右翼」と呼ばれる人びとが注目され、2005年には『マンガ嫌韓流』がインターネット主導でブームになった。

これに良心的な大人たちは焦ってしまったのである。若者が右傾化した、軍国主義の再来ではないかと。だが「あきらめ」効果を考えるなら、こういった「右傾化」に見える現象を別に危険視する必要はない。もし彼らが何らかの活動によって「居場所」が見つけられたら、その「共同性」によって「目的性」は「冷却」される。もしも「居場所」が見つからなかったとしても、それはただの「フェスティバル型共同体」(Bauman 2000=2001)として束の間の「祭り」を繰り返すだけだ。あ、もちろん「左傾化した若者」も同じである。

もし危惧すべきことがあるとしたら、共同体のファシリテーターが狡猾《こうかつ》だった場合だ。それが最悪の形で表出してしまったのがオウム真理教の引き起こした一連の事件だろう。あれも「承認の供給不足」が引き起こした事件と言える(宮台 1998)。しかしオウム事件は象徴事例だとしても、普遍的な事例ではない。ピースボートのような「無害」な、もしくは「そこそこ有害」なコミュニティが増えることによって、第二のオウム事件が起こる確率は減るだろう。

同じ理由で、ファシリテーターが賢かった場合は、社会運動の成功率もずっと上がると思う。元ギャル男で慶應の修士号を持つ荒井悠介(2009)によると、イベサーやギャルサーは幹部メンバーと一般メンバーの2階層で構成されているという。

組織にとってただの駒に過ぎない「パー券要員」こと一般メンバーと、イベントの成功を冷静に追求し、一般メンバーが脱退しないためのケアもする幹部メンバー。一般メンバーにとってイベサーはただの「居場所」でも、幹部にとっては目的達成のための共同体なのだ。プロジェクトの成功が優秀な幹部にかかっているというのは、社会運動を含めた様々な組織に共通する原理だと思う。

「だめ連」はダメ by 本田由紀

ピースボートが与えてくれた居場所。それで「寂しさ」という承認の問題は解決できたが、「貧しさ」の問題は手付かずのままだ。むしろ、若者たちの「お金がなくても楽しく暮らしている」という、減少した経済的資本を社会関係資本が補っている様子は、全く逆のことを示している。つまり、「承認の共同体」は分配の正義に異議申し立てをするのではなく、むしろ市場を補完する装置として機能しているのである。「承認の共同体」は、この流動的な社会においてオアシスのようなものだ。オアシスがあるから、旅人は砂漠を歩いていける。だけど、みんながオアシスで満足できているなら、砂漠を緑化する必要もなくなってしまう。

高校時代の唯一の反抗が『サザエさん』を立ち読みすることだった本田由紀（2005）が、「だめ連」や若者支援NPO「ニュースタート」に対して危機感を覚えるのも同じ理由からだ。社会で疲れきった若者たちを慰撫するオアシスとしての役割が、結果的にその社会を延命させることに寄与してしまうのではないか、と。

ピースボートで生まれた「承認の共同体」には本田の危惧がまさに当てはまる。ピースボート帰国後の若者たちは、低賃金で不安定な労働に就いている人も多い。彼らは労働市場から見れば「良い駒」である。安いお金で働いてくれるし、しかも労働環境を変えようというユニオンなどに入る可能性もあまり考えられない。だって、仕事場の外にはピースボートで生まれた温かいコミュニティがあるのである。別に社会に不満を抱いている訳でもなく、日々幸せに過ごしている。

体制側から見たら、こんなにいいことはない。「現代的不幸」を感じながら、勝手に200万円程度のお金を払ってピースボートに乗り込み、コミュニティを自分たちで作り、安価な労働力として、反抗もせずに社会を支えてくれているのだから。「共同性」が「目的性」を冷却しムラができるだけなら、革命なんてものも起きそうにない。

そう、「承認の共同体」は再分配の問題（経済的格差）を覆い隠すし、しかもなかなか政治運動へも発展しないのである。

「承認の共同体」の限界

この本の発見を気取って書くと以下のようになる。（1）「共同性」だけを軸にした

「目的性」のない共同体が存在すること、（2）その「ポストモダン・コミュニティ」(Delanty 2003=2006）は社会統合の基礎にもなり得ないし、社会運動との接続性を担保するものではないこと、（3）それは承認の正義（Fraser 1997=2003）を担保する共同体ではあるものの、「目的性」の「冷却」によって経済的再分配を求める闘争に転化する訳ではないこと、の3点である。

要するに、ピースボートは特に「セカイ型」と「文化祭型」の人に対して、ムラのようなコミュニティを作った。それは一部の人が期待したような世の中に反抗するような集団ではないし、社会運動につながるようなものでもない。

なぜなら、「共同性」による相互承認が社会的承認をめぐる闘争を「冷却」させる機能を持ってしまうからだ。

つまり、「承認の共同体」は、労働市場や体制側から見れば「良い駒」に過ぎない。このことを、「若者にコミュニティや居場所が必要だ」と素朴に言っている人たちは、どのくらい自覚しているのだろうか。

希望に見えた「承認の共同体」にもどうやら限界がある。じゃあ、一体どうしたらいいのだろうか。もう一度、現代の日本社会を眺めながら考えてみよう。

7-3　ハシゴのない国で生きる僕たち

「やればできる」って言うな！

本屋に行くと、資本主義に出家した女・勝間和代（2009）の『やればできる』という本が平積みしてあった。まあ、タイトル通りの内容だ。さすが自分をGoogle化しているだけあって、様々な情報がわかりやすく整理されている。

だけど、本を読んでいる間中、ある違和感が消えなかった。僕が「やればできる」や「夢は叶う」のような言葉に覚える違和感は、クルーズ中に見た夜の海の怖さに似ている。水平線さえ見えない夜の闇の中では、自分がどこに進んでいるのか全くわからない。そんな中で「やればできる」と言われても、どこへ進んだらいいかなんてわかる訳がない。

何のヒントもなくフィールドに放り出され、「やればできる」と急かされる。ゲームでは、そういう作品のことを「クソゲー」と呼ぶ。

僕たちが生きるこの社会には、「クソゲー」と呼ばれるゲームの要素がいくつも含まれている。チュートリアル（ゲームを進めるための解説）が不十分でゴールが不明瞭。自由度が高そうに見えて、実は初期パラメーターに大きく依存する行動範囲。セーブもできないし、ライフは1回しかない。

僕が特に問題だと考えているのは、レベルアップ制度の不備だ。日本では、向上心がある人でも学歴がない場合やフリーターを続けているような場合、社会的地位や収入を上昇させるようなレベルアップの仕組みが整備されていない。たとえば「25歳、フリーター、最終学歴は高校卒、着実なキャリアアップを目指したい」という人に、あなたはどんなアドバイスをすることができるだろうか。

あのアメリカにさえ、キャリアラダーと呼ばれる仕組みがある。キャリアラダーとはキャリアアップのためのハシゴのようなものだ。低スキルで低賃金の労働者でも、一定の教育訓練と仕事経験の基準をクリアするごとに、責任が伴ったより賃金の高い仕事へ進むことを可能にする政策プログラムが、アメリカでは何十も整備されている(Fitzgerald 2006=2008)。

日本にも一応、蜘蛛《くも》の糸のような資格制度はある。しかし、社会的地位も収入も約束された「医者」や「弁護士」のような資格は、メリトクラシーの生き残りに独占されている。誰でも簡単に受験できる「英検」や「漢検」がキャリアアップにどこまで有効かは怪しい。

「やればできる」と自己啓発本は僕たちのモチベーションを高めてくれる。しかし、この足場の不安定な社会で、足場のない場所に立つ若者たちは何を頑張り続ければいいのだろう？　まともな企業で働く正社員に向かって「やればできる」という言葉は意味があるかも知れない。管理職を目指すことができたり、少なくとも彼らにハシゴは用意されているのだから。

しかし、そもそも正社員への道も閉ざされている非正規労働者や、企業社会の外で働く人に「やればできる」と言ったところで、彼らには「やるべきこと」がない。もちろん、英会話の勉強をしたり、ワーキングホリデーに行ったり、アートイベントを開いたり、起業を目指したり、自分を高めてくれるように見えることは、この消費社会にたくさん用意されている。

だが、「その先」までは用意されていない。中途半端な語学力や芸術的スキルは、ほとんどの場合、就職やキャリアアップにつながらない。起業して成功できる人なんてほんの一握りだ。

もちろん、彼らは「好きなこと」をやっている時点で自己責任だとも言えるだろう。でも、僕はその半分は社会の責任だと思う。蜘蛛の糸のような資格制度しか整備せず、みんなが夢見る仕事には宝くじを当てるような確率でしか就けないのに、「夢を持て」「夢をあきらめるな」「やればできる」だなんて。そもそも、まともなキャリアラダーがないために、「このままではいけない」と感じる若者たちが、やたら「海外志向」や「クリエイティヴ志向」になっている可能性もある。社会が、希望難民を生んでいるのである。

だからあなたはあきらめて

本書の冒頭で、かつてはメリトクラシー（学歴社会）が「若者たちをあきらめさせる」役割を果たしていたと書いた。それは、近代という堅い時代が可能にした仕組みでもある。教育と労働市場がうまく連携していた時代に、企業に入ることはすなわち大人になり、若い時代の夢をあきらめることだった。

しかし、今僕たちが生きるのはグニャグニャした後期近代。誰もが終わりなき自分探しをしなくてはならない時代である。だから、この時代に夢を追いかけてしまうのは不思議なことじゃない。むしろ「自分にはもっと何かがあるんじゃないのか」と考えてしまうのは後期近代人の宿命のようなものだ。武道館ライブまで実現したバンドが「生きる光を探している」と語り、大河ドラマで主役を張るタレントが「見たことない自分を追い求めたい」と語る時代なのである(＊24)。

しかし、キャリアラダーも十分にない社会で夢を追うことにはあまりにもリスクがありすぎる。

その意味で、あきらめることのできた人は幸せだ。「世界平和」を目指して日本でデモを繰り返したり、社会変革のために闘いを続けたり、「やればできる」と自己啓発に励むよりも、仲の良い友だちとバーベキューでも囲んでくだらない話を夜な夜な続ける方がよっぽど幸せじゃないのか。ポケモンカードや「マリオパーティ」をしていた方がずっと楽しいんじゃないのか。

減少した経済的資本(収入)を社会関係資本(つながり)で補う、というのは社会関係資本の増加によって経済的資本への依存から脱却したと言うこともできる。だから、「承認の共同体」が市場を食い破るどころか、むしろ安価な労働力の供給源になってしまうとしても、僕はそれを評価したいと思う。

もちろん、今の社会に問題がないと言っている訳ではない。第1章で見たように、「若者と貧困」や「格差問題」は、「近代」という時代がとうに終わったのに、抜本的な改革を先送りにしてきた社会に責任があると言ってもいい。ハシゴもセーフティネットも十分に整備されていない中、若者たちはグニャグニャになった社会を歩いていかないといけない。

だけど、社会を変えるのは別に「承認の共同体」である必要はない。ピースボートが与えてくれたようなやさしい居場所。お金がなくても、友だちと楽しく過ぎていく時間。それだけで十分じゃないか。そう、本書は一回りして結局第1章で色んな人が言っていた「承認の共同体」論に戻ってきた。若者たちにはコミュニティを与えておけばいい、と。

だが、それは社会を変えるためではない。若者をあきらめさせるためだ。

メリトクラシーが壊れた社会で、それなのに「夢を追うことの大切さ」が繰り返し言い立てられる社会で、若者を「あきらめさせる」必要性はますます増しているように思える。その解決策の一つがまさに「コミュニティ」であり「居場所」なのだ。

ひどいのは誰?

ひどい、と思うだろうか。だけど、ひどいのはヒントもチュートリアルも十分に用意せず、公正なレベルアップの仕組みさえないのに、「とにかく頑張れ」「夢をあきらめるな」と騒ぎ立てる社会の方じゃないのか。別に「クソゲー」なんてクリアしなくてもいい。クリアをあきらめて、友だちとそれなりの楽しみを見つければ、この社会はそれほど悪くはない。

実は「若者をあきらめさせろ」というこの本の主張は大して珍しいものではない。たとえば社会学者でありながら優れたマーケターでもある山田昌弘（２００７）は、若者たちの間で経済的な格差に加えて、努力が報われるかどうかという「希望の格差」が広がっていることを指摘する。そこで彼が解決策として提案するのが、過大な夢を持つために職業に就けない若者のための「職業的カウンセリング」だ。カウンセリングと称して、ちょっとずつ若者に夢をあきらめてもらおうという訳だ。

Ｈｅｙ！ Ｓａｙ！ ＪＵＭＰファンの教育社会学者・荒川葉（２００９）も、生徒の「興味・関心」や「将来の夢」を応援するような高校の進路指導方針を批判する。「デザイナー」や「カメラマン」など実現可能性がほとんどないのに魅力的な職業を夢見る生徒は、結局受験競争の敗者となってフリーターやニートに甘んじることになる。だったら一元的な評価で人を判断する受験制度の方がまだマシと荒川は示唆する。

内容はポップなのに文章が硬い社会学者の中西新太郎（２００９）の立場は少し違う。山田や荒川が「夢見る若者の不良債権化」を危惧して「若者をあきらめさせろ」

と言っているのと違って、中西は「別にフリーターでも低賃金労働者でもいいじゃないか、彼らには彼らの文化がある」と「所与性のドグマ」という学者らしい難解な言葉を使って主張する。「正社員」になることが「標準」の人生であると考える必要はない。エリートでない若者も、彼らの「文化」の中でそこそこ楽しく生きているというのだ。

本書の立場は、「若者をあきらめさせろ」という点では結果的に山田や荒川と同じだが、彼らほど「不良債権化した若者たち」を恐れることはないと思う。それは「いい会社」「いい人生」を目指すようなキャリアトラックから降りても、多くの若者はコミュニティの「共同性」に回収されて、そこそこ楽しい暮らしを送っていけると考えるからだ。

彼らを無理に標準のキャリアトラックに戻す必要はないという点で本書は中西と認識が共通している。ただし中西は若者たちの共同性が何かの運動に発展する可能性を捨てきれていないようだが、既に述べたように僕はそれに否定的だ（＊25）。

若者をあきらめさせろ

この本では今の社会の仕組みを批判しながら、同時に「若者をあきらめさせろ」と言ってきた。つまり、現在のひどい社会を所与のものとした場合に限って、「あきらめの装置」としての「コミュニティ」や「居場所」を評価しているに過ぎない。それは文字通りシェルターであるべきで、「居場所」にしか希望がない社会が健全だとはとても思えない。

じゃあ、誰が「あきらめない」で社会を変えればいいのだろうか。それはあきらめられない人が勝手にすればいいことだと思う。それがエリート主義だと批判されるならば、その通りだというしかない。

ギャルサーを例に挙げたが、「共同性」を維持しながら「目的性」を失っていないように見える団体は多くの場合、冷静で聡明な（できれば「人間味」があって時に「お茶目」な）「エリート」が率いているように思える。彼らは「共同性」に甘んじることなく孤独な闘いを続けている。

社会全体で見ても、運動体規模で見ても、共同体をただの「居場所」だと考えず、「目的性」の達成のためなら冷徹になれ、だけど対外的にはお茶目な「エリート」が、社会を変えていくしかないと思う（＊26）。

そもそも「あきらめろ」と言ったところで、やる人はやる。たとえ一人でも。

最後に社会学の本らしく、歴史上最も有名な社会学者の言葉を引用して終わろう。「政治」について書かれたものだが、あらゆるプロジェクトや活動に関して言えることだと思う。「それにもかかわらず」あきらめきれない人のために。

> 指導者や英雄でもない場合でも、人はどんな希望の挫折にもめげない堅い意志でいますぐ武装する必要がある。そうでないと、いま、可能なことの貫徹もできないであろう。自分が世間に対して捧げようとするものに比べて、現実の世の中が――自分の立場からみて――どんなに愚かであり卑俗であっても、断じて挫《くじ》けない人間。どんな事態に直面しても「それにもかかわらず《デンノッホ》！」と言い切る自信のある人間。そういう人間だけが政治への「天職《ベルーフ》」を持つ。（Weber 1971=1980: 105-106）

あとがき

本書のもとになった修士論文を同級生に見せた時に「ずるい」と言われたことがある。「あなたがどこにもいない」と。他の人から「クルーズを楽しめなかった陰気な東大生が腹いせに書いたように思われるんじゃない」とも言われた。そう、確かにこの本では、観察者であり執筆者である「僕」のことは直接的にはほとんど書かれていない。

だが、この本が切り取った出来事、その分析は「僕」という観察者が行ったものである。もちろん研究者のプライドとして複数の証言や資料を集め、できるだけ「事実」に近い記述を重ねたつもりである。だが、900人以上の乗客がいて、日々様々なイベントや事件が起きる中で、何を描き、何を描かないかは「僕」の裁量に委《ゆだ》ねられている。だから、この本に書かれた内容、分析それ自体が「僕」だと言える（同時にそれは本書の「限界」でもある）。

まあ、これは研究者向けの言い訳だ。どれだけ「ずるさ」が免責されるかわからないが、航海中は毎日つけていたフィールドノートの最後の部分を引用してみたい。あまりにも叙情的すぎて伏せ字にしたいくらいなのだが、そのままコピペする。

114日間。振り返れば、それはまるで物語のようだ。それはまるで映画のようだ。もう決して戻ることもないし、再び繰り返すこともできない。デッキからの海の眺めも、部屋でこうしてパソコンを打つことも、廊下で何人もの知り合いと挨拶をすることも、運動会を観戦することも、狭い空間で塩素シャワーを浴びることも、くだらない話を夜中までマイフェアレディですることも、ない。思い出すことは、繰り返すことではない。もう、こんな日はこない。

少しずつ、船は横浜へ近づいている。ときどき携帯の電波も入るようになった。「じゃあ、またね」と別れれば数時間後に会える人びとと、離ればなれになる。そして別々の人になっていく。それでもこの114日間という共通体験を糧《かて》に、何かどうにかつながっていきたいと、思わずにはいられない。

この幸運に感謝して、そしてこの旅をこれからも抱えていきたい。

(3 Sep 2008 21:06)

なんでこんな恥ずかしいことをしたかというと、調査者の「僕」もまた「若者」であり、「彼ら」と同じ船に乗った一人であることを最後に書いておきたかったからだ。

この本の中に登場した人物も含めて、ピースボートでは多くの友だちができた。「ポエちゃん（筆者のニックネーム）が一番船を楽しんでるじゃない」と言われたくらい、トラブルが起きれば現場へ駆けつけ、暇があれば同世代の若者の話を聞いていた。一生縁がないと思っていたピラミッドも見れたし（弾丸ツアーで5分だけだったけど）、ニューヨークとフロリダはとにかく楽しかった。

別に本文中でピースボートや乗船者たちにさんざん辛口だったことをフォローしている訳ではない。確かにこの本は「若者」とか「彼ら」とか「ピースボートの若者」を他者化して、筆者である「僕」だけが高みの見物をしているように見えるかも知れない。だけど本書はエッセイではなくて、これでも一応「研究」のつもりだから、どうしても「彼ら」を俯瞰《ふかん》的に「分析」する必要があった。

こんなネタバレは興醒《きょうざ》めだからもう止めるが、一応付け加えておくと、この本にはピースボートや、その乗船者たちを攻撃しようとする意図は全くない。だって、そんなことしても何の得にもならない。むしろ、勝手なエールのつもりだ。

「若者をあきらめさせろ」というあえて挑発的な物言いも、僕と一緒にクルーズに乗った人ならわかってくれると思う。もちろん、「あえて」とか「わかってくれる」という言葉に逃げる気はない。本書の「若者をあきらめさせろ」という主張は、苦笑い交じりで本気である。あとは勝手に怒るなり、批判するなりして欲しい。

謝辞

本書は東京大学大学院総合文化研究科に提出・受理された修士論文『「承認の共同体」の可能性と限界：ピースボートに乗船する若者を事例として』（2009年12月提出）に対して、原形を留めないくらいの加筆・修正を加えたものである。修士論文はもう少し真面目に書いた。執筆する過程では多くの人にお世話になっている。

まず解説も引き受けて下さった本田由紀先生。そもそもピースボートを修士論文にしようと思ったのは本田先生のアドバイスがあったからだ。正規のゼミ生でもないのに調査票のデザインから、論文の構成まで何度も相談に乗って頂いた。結果的に主張する内容は違うが、本田先生と認識はある程度まで共通していると思う。

そして上野千鶴子先生。修士論文を何度も何度も何度も何度もスクラップ&ビルドして頂いた。「こんなものが修士論文になる訳ないでしょ」と数えきれないくらい言われた気がする。こんな本になったのですが、いかがでしょうか。

指導教官の瀬《せ》地《ち》山角《やまかく》先生。僕は北欧研究をするつもりで大学院に入ったのだが、なぜかピースボートで修士論文を書き、本まで出すことになった。いつも半ばあきれながら（あきらめながら？）適切な間合いでお付き合い頂いている。

修士論文を書きながら思ったのは、アカデミックサークルの居心地の良さだ。今でもスピード感のなさや現実感のなさに馴染めないこともあるが、多くの人が自分の利害に関係なく他人の研究のために時間を割いてくれる生暖かい場所。あれ、ここにも「承認の共同体」が？

大学院外でも多くの人にお世話になった。船内では一番多くの時間を共に過ごしたと思うKさん。人生にはいくつかのターニングポイントがあるとして、その中の一つの背中を押してくれたのはKさんだったと思う。学部時代からお世話になりっぱなしの慶應大学の長谷部葉子先生。そして長谷部富美子さん。間接的に、でも大切な場所で影響を受けている。ああでもない、こうでもないと話に付き合ってくれた長谷川徹くん、尼寺孝彰くん、石嶺絵里子さん。あたたかに論文の結論を拒絶してくれた中山慶くん。きわどい情報交換友だちの中沢明子さん。

著者（船内にて）

そして、本書の編集を担当して下さった草薙麻友子さん。本書の主張やタイトルは、草薙さんとの共同作業の中で生まれたものである。

最後に、一緒に仕事をしている松島隆太郎さんと青木健一さん。こんな自由に好きなことをさせてもらって、その感謝は言葉では足りない。足りないけれど、足しにはなるかも知れないので書いておく。

出航の日から2年が過ぎた。ようやく、ピースボートに小さな決着をつけられたかなと思う。

注釈

（＊1）ただし北欧研究で有名な宮本太郎（2009）は、同時にスウェーデンモデルの限界も指摘している。北欧型の高福祉社会は完全雇用を前提とするが、技術革新と脱工業化が進むと労働時間は減る。結果、地方を中心に過剰な労働力が生まれてしまい、それを公務員という形で吸収することもできなくなりつつあるという。

（＊2）だが「承認の共同体」が、新自由主義を裏から補完する一時的な精神的カンフル剤になりかねない危険性は鈴木自身も認識している。そこで、共同体を存在論的足場にするために、リーダーやコーディネーターの存在が欠かせないものだとする。

（＊3）本書に記される内容は、①船内であれば誰もが知ることのできた情報、②調査票やインタビューを通して若者から得た情報、③スタッフや運営会社など関係者にインタビューした結果判明した情報、に基づいている。若者に関しては、プライバシーに配慮して、年齢に1〜2歳の範囲内で誤差を与え、仮名にし、また分析に支障を来さない範囲でプロフィールを一部変更してあることがある。なお、本書に記載されたピースボートセンターの仕組みなどは、2008年から2009年にかけてのインタビュー情報に基づいており、現在とは違う場合がある。

（＊4）「『アンノン族』まばら　若い女性　鎌倉・京都にソッポ『個性の時代』敏感に」『朝日新聞』1979年5月1日朝刊

（＊5）1980年代前半の時代認識として「若い女性の海外旅行ブーム」という感覚があった。たとえば、『朝日新聞』１９８２年９月26日朝刊では、「海外渡航　今年407万人ペース　新記録確実に　依然女性に旅行ブーム」という記事が掲載されている。

（＊６）「20代海外旅行離れのワケ」（『日経流通新聞』２００７年10月19日）や廣岡（２００８）らの調査を見ると、若者が海外旅行に行かない理由として「休みが取れない」「旅行はしたいがお金がない」などの回答が上位に並んでいる。ちなみに20代前半に限ると、２０１９年に出国率は男性で20・４％、女性では45・８％にまで上昇していた。ＬＣＣの普及に加えて、インスタグラムなどのＳＮＳは、旅を再び「非日常」に変える装置として機能したのかも知れない。

（＊７）２００８年に高橋歩はビーチロックビレッジの代表を退き、再び家族と共に世界一周の旅へ出かけた。２００９年にはピースボートにも講師として乗船を果たしている。その後、出版社やカフェ経営など多角的にビジネスに関わる。

（＊８）それぞれ「船上で一夜、平和を語ろう」（『朝日新聞』１９８５年12月９日朝刊）、「戦争を知らない世代が『わだつみ』読みなおす」（『朝日新聞』１９８６年２月10日夕刊）、「反核運動はどこへ」（『朝日新聞』１９８６年７月18日朝刊）。

（＊９）それぞれ「地球一周の旅、参加者を募集ピースボート」（『朝日新聞』１９９６年５月８日朝刊）、「ＮＰＯ法案『話が違う』震災ボランティアら疑問視」（『朝日新聞』１９９７年１月15日朝刊）、「土井党首をサポート、社民党代議士『５人衆』」（『日本経済新聞』１９９７年３月25日夕刊）、「一芸旅行社の旅、新鮮な『世界』を体験」（『日本経済新聞』２００６年７月13日朝刊）。

（＊10）生年月日と性別が同じ場合、同一人物だと推測する照合を行った。なお、双方が重複するケースは存在しなかった。

（＊11）年齢に関しては前期調査、後期調査で共に聞いているので、ここでいう171サンプルとは、前期と後期を合算したものである。

（＊12）もしくは正式な退職届を出してはいないが「辞めるつもり」で来ている。前期調査の「クルーズが終わったら何をするつもりですか」という設問に対して「もとの仕事に戻る」と答えているのは、正社員の中で7・9％に過ぎず、42・1％が「仕事を探す」、18・4％が「わからない」と答えている（N＝38）。

（＊13）統計学の基本だが、「平均」という概念は標本の偏りを考慮していない。最もボリュームのある層が低い年収だったとしても、わずかな高額所得者がいる場合「平均」は大きく上昇してしまうからである。「民間給与実態調査」との比較はあくまでも参考として取り上げた。

（＊14）調査票では「無職」と答えた人が6人（5・0％）いたが、追加インタビューにより、2人は浪人中、4人は仕事を辞めてから2カ月以内であることが判明しているので、それぞれ「学生」と「非正規」に振り分けた。

（＊15）ただし斎藤は「心理学化する社会」のピークは過ぎたとも語る。「9・11」後の世界で、もはや「悪」を「心理」の問題だとは考えられなくなったことが原因の一つだ。日本でも2008年に起きた秋葉原事件では犯人の生育環境よりも、若者の不安定就労という社会構造が問題とされた。

（＊16）実際の分類に際しては、「ピースボートの雰囲気への共感の表明」「運動会、夏祭り、自主企画などいずれかの企画へ主催者側として参加」「新聞局など船内ボランティアに積極的に参加」に対して共同性スコアを1点ずつ加点、「憲法9条を考えるなど政治的イベントへの参加」「パレスチナ難民キャンプ滞在ツアーなど政治的・社会的オプションツアーに参加」「政治意識、社会意識の高さを表明」に政治性スコアを1点ずつ加点、逆に「ピースボートの雰囲気への違和感の表明」「イベントへの消極的なコミットメント」「船内ボランティアへの不参加」に共同性スコアを1点ずつ減点、「エンターテインメント系イベントへの参加」「観光への意欲」「政治意識・社会意識がないことを表明」に政治性スコアを1点ずつ減点し、4類型への振り分けを行った。フィールドノートに記録が確認できない場合は加点も減点も行っていない。さらに、政治性スコアがゼロになってしまった場合は、「観光ツアーと非観光系のツアーのどちらに多く行ったか」という指標で、前者の場合は政治性に1点減点、後者の場合は1点加点した。同様に共同性スコアがゼロになってしまった場合は、「ピーセンに通っていたかいなかったか」で前者の場合には共同性に1点加点、後者の場合は1点減点した。

（＊17）またバンクーバーで印刷し各キャビンに配ったアンケートを、スタッフたちが後から回収する姿も目撃されている。さらに、ピースボートとジャパングレイスのスタッフ全員が出席する会議で、補償問題の用紙を配った有志4人に対して「挨拶をしない」という方針が決まった。小学生か。

（＊18）ただしサリ（19歳、♀）のように「ここにいる人に言いたいんですけど、私は平和活動を楽しみに乗ったんです。でも年配の人は、観光目的で乗った人もたくさんいるんです。自分で調べたら良かったというのはあるけれど、年配の人にはもっと高いお金を出して乗った人もいます。年配の人の気持ちを、若い人ももっと汲んであげた方がいいと思います」と、若者に客観性を持つように促した発言もあった。しかし、彼女のコメントに対するレスポンスはなく、その後もTさんへの批判の言葉が続いた。

（＊19）調査の比較可能性を高めるため、自己意識に関わる設問は浅野編（２００６）と同じワーディングを使用している。また、浅野編（２００６）の調査対象が16歳から29歳であったため、調査票の中から同じ年齢の若者だけを抽出した。

（＊20）帰国後の職業や居住形態について把握できているのは90人で、そのうち18人が２００８年９月の帰国後から２００９年12月までの間に何らかの形でルームシェアをしていた。内訳は「セカイ型」が10人、「文化祭型」が6人、「自分探し型」が2人である。

（＊21）離脱とはピースボート用語で、船を一時離れて次以降の寄港地まで自分たちの足で自由行動することである。陸続きで各寄港地に停泊するヨーロッパで離脱する若者が多かった。３泊くらいのお気楽バックパッカー体験である。ちなみに1人で離脱する人はほとんどいない。離脱仲間作りの駆け引きが、クルーズ中頃になると盛り上がる。

（＊22）他者の死や定年退職のように自己責任とはみなされない非自発的喪失に対して、自己責任とみなされる非自発的喪失が「メランコリーな喪失」である。ゴフマンによればこの「メランコリーな喪失」に対して「冷却」という社会的機能が必要になるという。その意味で本書の用法はゴフマンの「冷却」論と完全に対応している訳ではない。ちなみに、「社会的老化」と「冷却」論に関しては教育社会学者の竹内洋（１９９５）の古びた名作『日本のメリトクラシー』を参考にした。

（＊23）本書では「コミュニティ」と「アソシエーション」を区別して使用せずに、一貫して「コミュニティ」「共同体」という用語を用いている。

（＊24）ｆｌｕｍｐｏｏｌのボーカル山村隆太（『ａｎａｎ』2009年12月30日号）と福山雅治（「転ｔｅｎ」『朝日新聞』2010年1月1日朝刊）へのインタビュー参照。

（＊25）「共同性」が「目的性」を「冷却」させるというのは、ピースボートでのフィールドワークをもとに導き出した結論に過ぎない。どのような時であれば「冷却」は起きないのか、また「共同性」と「目的性」が両立できるのか。今後、他の「承認の共同体」との比較を通じて明らかにする必要がある。と、研究者らしく先にずるい言い訳をしておく。仮説的に述べるならば、「共同性」と「目的性」の両立を長期的に考える場合、官僚型の組織か、ピースボートのような箱庭型組織くらいでしか無理な気がする。

（＊26）本文中では「社会を変える」という曖昧な言葉を使ってしまったが、もちろんそれは革命のようなものではないし、魅力的な言葉の響きからはほど遠い地味な作業の連続のはずである。具体的にそれが何なのかは、あきらめない人が勝手に考えてくれるはずだ。また、「エリート」というのも学歴や社会的地位と対応関係にある必要は必ずしもない。少なくとも強烈なエリート意識だけありながら、結局は学歴や社会的地位にしがみつくだけの人を、僕はエリートとは呼ばない。当然、「若者をあきらめさせろ」と言いながら救世主にも悪役にもなりきれない大学院生もエリートとは呼べない。

三浦展（2005）『下流社会：新たな階層集団の出現』光文社新書
三浦展（2009）『シンプル族の反乱：モノを買わない消費者の登場』KK ベストセラーズ
三浦展・上野千鶴子（2007）『消費社会から格差社会へ：中流団塊と下流ジュニアの未来』河出書房新社
見田宗介（2008）「リアリティに飢える人々」『朝日新聞』2008 年 12 月 31 日朝刊
宮台真司（1998）『終わりなき日常を生きろ』ちくま文庫
宮台真司（2006）『制服少女たちの選択：After 10 Years』朝日文庫
宮本太郎（2009）『生活保障：排除しない社会へ』岩波新書
村上龍（2000）『希望の国のエクソダス』文藝春秋＝(2002) 文春文庫
望月広保(1992)「旅行業に新しい視点を:NGO と旅行業」『DATUMS』1992 年 9 月号
山川紘矢（2009）『輪廻転生を信じると人生が変わる』ダイヤモンド社
山田昌弘（2007）『希望格差社会：「負け組」の絶望感が日本を引き裂く』ちくま文庫
湯浅誠・仁平典宏（2007）「若年ホームレス：『意欲の貧困』が提起する問い」本田由紀編『若者の労働と生活世界：彼らはどんな現実を生きているか』大月書店

71-86
ピースボート 85 編（1985）『ピース・ボート出航！：「平和の船」の夢と挑戦』三友社出版
ピースボート 90 編（1990）『船が出るぞッ!!：ピースボート 90 日間地球一周航海へ』第三書館
ピースボート環境チーム（1992）『地球はまだ青いだろうか？：ピースボート〔地球の健康診断〕一周航海』第三書館
ピースボート編（1995）『ピースボート大航海時代：84 日間地球一周クルーズ '94　黄金のうたたね』第三書館
ピースボート編（2007）『こんなに素敵なピースボート！』ユビキタ・スタジオ
廣岡裕一（2008）「『若者の海外旅行離れ』に関する考察」JATA 国際観光会議・世界旅行博 2008
http://www.jata-net.or.jp/vwc/pdf/0809tm_databis.pdf
広田照幸（2003）『教育には何ができないか：教育神話の解体と再生の試み』春秋社
広田照幸（2008）「序論　若者文化をどうみるか」広田照幸編著『若者文化をどうみるか？：日本社会の具体的変動の中に若者文化を定位する』アドバンテージサーバー
藤岡和賀夫（1987）『藤岡和賀夫全仕事《プロデュース》〔1〕ディスカバー・ジャパン』PHP 研究所
古市憲寿（2015）『絶望の国の幸福な若者たち』講談社＋α文庫
古市憲寿（2016）「幸福な社会とよい社会」大澤真幸編『岩波講座現代 6　宗教とこころの新時代』岩波書店
本田由紀（2005）『多元化する「能力」と日本社会：ハイパー・メリトクラシー化の中で』NTT 出版
本田由紀（2008a）「毀れた循環：戦後日本型モデルへの弔辞」東浩紀・北田暁大編『思想地図 vol.2』NHK ブックス
本田由紀（2008b）「〈やりがい〉の搾取：拡大する新たな『働きすぎ』」『軋む社会』双風舎
松田久一（2009）『「嫌消費」世代の研究：経済を揺るがす「欲しがらない」若者たち』東洋経済新報社

武田敦（2009）「闘うための、闘わないでいい居場所づくり」湯浅誠他編『若者と貧困：いま、ここからの希望を』明石書店
津村記久子（2009）『ポトスライムの舟』講談社
土井隆義（2003）『〈非行少年〉の消滅：個性神話と少年犯罪』信山社出版
冨樫匡孝（2009）「僕らは無力ではない」湯浅誠他編『若者と貧困：いま、ここからの希望を』明石書店
内閣府（2008）「社会意識に関する世論調査」
中西新太郎（2004）『若者たちに何が起こっているのか』花伝社
中西新太郎（2009）「漂流者から航海者へ：ノンエリート青年の〈労働―生活〉経験を読み直す」中西新太郎・高山智樹編『ノンエリート青年の社会空間：働くこと、生きること、「大人になる」ということ』大月書店
中森明夫（2015）「解説　古市憲寿とは何者か？」古市憲寿『絶望の国の幸福な若者たち』講談社＋α文庫
難波功士（2007）『族の系譜学：ユース・サブカルチャーズの戦後史』青弓社
西尾雄志・日下渉・山口健一（2015）『承認欲望の社会変革：ワークキャンプにみる若者の連帯技法』京都大学学術出版会
仁平典宏（2009）「世代論を編み直すために：社会・承認・自由」湯浅誠他編『若者と貧困：いま、ここからの希望を』明石書店
橋口昌治（2014）「揺らぐ企業社会における「あきらめ」と抵抗：「若者の労働運動」の事例研究」『社会学評論』65(2)：164-178
浜田宏（2014）「貧しくても幸福を感じることができるか」辻竜平・佐藤嘉倫編『ソーシャル・キャピタルと格差社会：幸福の計量社会学』東京大学出版会
速水健朗（2008）『自分探しが止まらない』ソフトバンク新書
原田曜平（2010）『近頃の若者はなぜダメなのか：携帯世代と「新村社会」』光文社新書
樋口直人（1999）「社会運動のミクロ分析」『ソシオロジ』44(1)：

樫村愛子（2007）『ネオリベラリズムの精神分析：なぜ伝統や文化が求められるのか』光文社新書
勝間和代（2009）『やればできる：まわりの人と夢をかなえあう4つの力』ダイヤモンド社
萱野稔人（2007）「『承認格差』を生きる若者たち」『論座』2007年7月号、朝日新聞社
香山リカ（2002）『ぷちナショナリズム症候群：若者たちのニッポン主義』中公新書ラクレ
櫛渕万理（2008）「ピースボートの二五年」岩崎稔・上野千鶴子他編『戦後日本スタディーズ3：「80・90」年代』紀伊國屋書店
栗原彬（1981）『やさしさのゆくえ：現代青年論』筑摩書房
栗原彬（1996）『増補・新版　やさしさの存在証明：若者と制度のインターフェイス』新曜社
小池靖（2007）『セラピー文化の社会学：ネットワークビジネス・自己啓発・トラウマ』勁草書房
小峰ひずみ（2022）『平成転向論：SEALDs 鷲田清一 谷川雁』講談社
斎藤環（2009）『心理学化する社会』河出文庫
斎藤美奈子（2001）「会社を辞めた若者たちが西へビンボー旅行に出る理由」『読者は踊る』文春文庫
佐々木隆治（2009）「『若者論』批判の陥穽：「世代」と「承認」をめぐって」湯浅誠他編『若者と貧困：いま、ここからの希望を』明石書店
鈴木謙介（2008）『サブカル・ニッポンの新自由主義：既得権批判が若者を追い込む』ちくま新書
高井典子・中村哲・西村幸子（2008）「若者の海外旅行離れ『論』への試み」『日本観光研究学会全国大会学術論文集』23集
高橋歩（1995）『毎日が冒険』サンクチュアリ出版
高橋歩（2007）『自由への扉』A-Works
高橋歩（2008）『ISLAND STORY』A-Works
竹内洋（1995）『日本のメリトクラシー：構造と心性』東京大学出版会

だれてくるよな平和』は存在しない」『論座』2007年7月号、朝日新聞社
新井克弥（2000）『バックパッカーズ・タウン：カオサン探検』双葉社
新井克弥（2001）「メディア消費化する海外旅行〜バックパッキングという非日常：バンコク・カオサン地区の定点観測」嶋根克己・藤村正之編著『非日常を生み出す文化装置』北樹出版
荒井悠介（2009）『ギャルとギャル男の文化人類学』新潮新書
荒川葉（2009）『「夢追い」型進路形成の功罪：高校改革の社会学』東信堂
岩田考（2006）「若者のアイデンティティはどう変わったか」浅野智彦編（2006）『検証・若者の変貌：失われた10年の後に』勁草書房
内田樹（2007）『下流志向：学ばない子どもたち働かない若者たち』講談社
大澤真幸（2014）『〈問い〉の読書術』朝日新書
大澤真幸・北田暁大（2008）『歴史の〈はじまり〉』左右社
大野哲也（2007）「商品化される『冒険』：アジアにおける日本人バックパッカーの『自分探し』の旅という経験」『社会学評論』58：268-285
奥田愛基（2016）『変える』河出書房新社
小熊英二（2002）『〈民主〉と〈愛国〉：戦後日本のナショナリズムと公共性』新曜社
小熊英二（2009）『1968【上】：若者たちの叛乱とその背景』『1968【下】：叛乱の終焉とその遺産』新曜社
小熊英二・上野陽子（2003）『〈癒し〉のナショナリズム：草の根保守運動の実証研究』慶應義塾大学出版会
小田実（1961）『何でも見てやろう』河出書房新社＝(1979)『何でも見てやろう』講談社文庫
開沼博（2012）『フクシマの正義：「日本の変わらなさ」との闘い』幻冬舎

に』晶文社

Petersen, Anders and Willig, Rasmus. (2002) "An Interview with Axel Honneth: The Role of Sociology in the Theory of Recognition" *European Journal of Social Theory*, 5(2): 265 - 277.

Reich, Robert. (2007) *Supercapitalism: The Transformation of Business, Democracy, and Everyday Life*. New York: Alfred A. Knopf.＝(2008) 雨宮寛・今井章子訳『暴走する資本主義』東洋経済新報社

Sennett, Richard. (1976) *The Fall of Public Man*. Cambridge; Cambridge University Press.＝(1991) 北山克彦・高階悟訳『公共性の喪失』晶文社

Turner, Victor. (1969) *The Ritual Process: Structure and Anti-structure*. London: Routledge & K. Paul.＝(1996) 冨倉光雄訳『儀礼の過程』新思索社

Weber, Max. (1971) *Gesammelte Politische Schriften Dritte Erneut Vermehrte Auflage*. Tübingen: J. C. Mohr.＝(1980) 脇圭平訳『職業としての政治』岩波文庫

Whyte, William Foote. (1993) *Street Corner Society. 4th ed.* Chicago: University of Chicago Press.＝(2000) 奥田道大・有里典三訳『ストリート・コーナー・ソサエティ』有斐閣

Young, Jock. (2007) *The Vertigo of Late Modernity*. London: Sage Publications.＝(2008) 木下ちがや他訳『後期近代の眩暈：排除から過剰包摂へ』青土社

〔日本語文献〕

赤木智弘（2007）「『丸山眞男』をひっぱたきたい：31歳フリーター。希望は、戦争。」『論座』2007年1月号、朝日新聞社

茜三郎・柴田弘美（2003）『全共闘』河出書房新社

浅野智彦編（2006）『検証・若者の変貌：失われた10年の後に』勁草書房

雨宮処凛（2007）「ロストジェネレーションと『戦争論』：もう、『た

Cornell University Press.＝(2008) 筒井美紀・阿部真大・居郷至伸訳『キャリアラダーとは何か：アメリカにおける地域と企業の戦略転換』勁草書房
Fraser, Nancy. (1997) *Justice Interruptus: Critical Reflections on the "Postsocialist" Condition.* New York: London : Routledge.＝(2003) 仲正昌樹監訳『中断された正義：「ポスト社会主義的」条件をめぐる批判的省察』御茶の水書房
Gennep, Arnold Van. (1909) *Les Rites de Passage.* Paris: E. Nourry＝(1977) 綾部恒雄・綾部裕子訳『通過儀礼』弘文堂
Giddens, Anthony. (1990) *The Consequences of Modernity.* Cambridge: Polity Press ＝ (1993) 松尾精文・小幡正敏訳『近代とはいかなる時代か？：モダニティの帰結』而立書房
Goffman, Erving. (1952) "On Cooling the Mark Out: Some Aspects of Adaptation to Failure" *Psychiatry,* 15(4): 451-463.
Hobsbawm, Eric. (1994) *Age of Extremes: the Short Twentieth Century, 1914-1991.* London: Michael Joseph.＝(1996) 河合秀和訳『20世紀の歴史：極端な時代』三省堂
Honneth, Axel. (1992) *Kampf um Anerkennung.* Frankfurt am Main: Suhrkamp＝(2003) 山本啓・直江清隆訳『承認をめぐる闘争：社会的コンフリクトの道徳的文法』法政大学出版局
Honneth, Axel. (2000) *Das Andere der Gerechtigkeit.* Frankfurt am Main: Suhrkamp.＝(2005) 加藤泰史・日暮雅夫他訳『正義の他者：実践哲学論集』法政大学出版局
Maffesoli, Michel. (1991) *Le temps des tribus: Le déclin de l'individualisme dans les Sociétés de masse.* Paris: Méridiens Klincksieck.＝ (1997) 古田幸男訳『小集団の時代：大衆社会における個人主義の衰退』法政大学出版局
Mansour, Ahmad. (2015) Generation Allah: Warum wir im Kampf gegen religiöesen Extremismus umdenken müssen. Frankfurt am Main: FISCHER,S.＝(2016) 高本教之他訳『アラー世代：イスラム過激派から若者たちを取り戻すため

参考文献

〔外国語文献〕

Bauman, Zygmunt. (2000) *Liquid Modernity.* Cambridge: Polity Press.＝(2001) 森田典正訳『リキッド・モダニティ：液状化する社会』大月書店

Bauman, Zygmunt. (2001) *Community: Seeking Safety in an Insecure World.* Cambridge: Polity Press.＝(2008) 奥井智之訳『コミュニティ：安全と自由の戦場』筑摩書房

Bourdieu, Pierre. (1979) *La Distinction: Critique Sociale du Jugement.* Paris: Editions de Minuit. ＝(1990) 石井洋二郎訳『ディスタンクシオンⅠ：社会的判断力批判』藤原書店

Brendon, Piers. (1991) *Thomas Cook: 150 Years of Popular Tourism.* London: Secker & Warburg.＝(1995) 石井昭夫訳『トマス・クック物語：近代ツーリズムの創始者』中央公論社

Byrne, Rhonda. (2006) *The Secret.* New York: Simon & Schuster. ＝(2007) 山川紘矢・山川亜希子・佐野美代子訳『ザ・シークレット』角川書店

Clark, Burton. (1960) "The 'Cooling-out' Function in Higher Education" *The American Journal of Sociology,* 65: 569 - 576.

Cohen, Erik. (2003) "Backpacking: Diversity and Change" *Tourism and Cultural Change,* 1(2): 95 - 110.

Delanty, Gerard. (2003) *Community,* London: New York : Routledge ＝ (2006) 山之内靖・伊藤茂訳『コミュニティ：グローバル化と社会理論の変容』NTT 出版

European Commission. (1992) "Towards a Europe of Solidarity — Intensifying the Fight against Social Exclusion, Fostering Integration", *COM* (92) 542 final.

Fitzgerald, Joan. (2006) *Moving up in the New Economy.* Ithaca:

解説、というか反論

本田由紀

古市君は不思議な人だ。

ひょろりとして色が白い。ちょっと女性的なかわいい顔をしている。ほどよくおしゃれだ。雰囲気が全然暑苦しくない。よく転ぶそうだ。カラオケでももっぱら聞き役だけど、楽しそうにしている。

そういう風貌やふるまいとは裏腹に、とてもエネルギッシュなところがある。でも、そのエネルギッシュさも暑苦しくない。ひょこっといろんなところに顔を出して、さくさくっといろんなことをやって、上手に何でも仕上げる。写真を撮らせてもイラストを描かせてもプロ裸足だ。大学院のゼミだって、いったいいくつ顔を出してるんだかわからないくらいたくさん出ていて、様々な教員から指導を引き出している。本も目配りよく読んでいる。大学の外にも、あるいは日本の外にも、たかたか出かけて行って、いっぱい友だちや知り合いがいるようだ。どこに行っても転んでいるのかもしれないけど。

そんな古市君は、本来の所属は私のいる研究科とは別のところなのだが、いつの間にか私のゼミにも自然な感じで座っていた。修士論文のテーマについてあれこれ相談しているうちに、ある日、「今度ピースボートに乗ることになりました」と、何でもないことのように言う。彼はもともと「若者の現在」に研究関心があったのだが、ピースボートには「若者の現在」のひとつの側面が凝縮された形で表れているだろうし、何より数カ月にわたって文字通り生活をともにしながらの参与観察が可能になる。私はそんな貴重な機会を無駄にする手はないと思ったので、ぜひできるだけ多くデータを取ってくるように勧めた。そうしたら案の定というか、古市君は乗船中に質問紙調査を二度行い、膨大なインタビューデータとフィールドノーツを手にして、また何でもないことのように、にこにこと帰ってきた。そうして得た様々なデータの分析に、きちんと理論的な裏付けや解釈を加えたものが彼の修士論文であり、それを読みやすく軽妙な文体で全面的に書き直したものがこの本だ。

そうそう、文体は大事だ。古市君からもらったこの本の原稿を読んでいて、私は何度も吹き出しそうになった。特に何が可笑《おか》しかったかって、引用されている学者たちの名前に、いちいち的を射た枕詞がついていることだ。それ以外の部分についても、噛み砕いた平易な言葉とリズムのある文章で、かなりややこしいこともわかりやすく説いてくれている。それでいて軽薄な感じになっていないのは、文章の裏にじっくりした思考があるからだ。ところで私は日頃、学生たちと話しているときなどは、「うざくね？」といった若造りの軽薄な言葉遣いをしているくせに、いざ文章を書くとなると肩に力が入ってしまって、堅苦しい文体になってしまう（某編集者の方に「まるで檄文ですね」と言われたことがある）。だから古市君の文章を読んでいて、「ああ、こんなふうに書いていいいんだ」ととても勉強になった。この「解説、というか反論」も、私としてはちょっと無理をして、できるだけ軽やかに書こうとしている。

さて、ではいよいよ本書の内容について。本書では、コミュニティ論や新・団体旅行論などの先行研究をレビューした上で、ピースボートという事例をその中に位置づけ、そして実際に古市君が参加したクルーズで得られた多様なデータを駆使して、そこに参加する若者の諸類型や乗船前後の変化を描き出している。古市君がその場に立ち会った様々なエピソード——たとえば、年長の乗船者による主催者への抗議に際して泣き出す若者たち――は、クルーズという閉鎖空間に参加する者たちが帯びる独特の雰囲気や、異なる集団間の葛藤を、生々しく伝えている。

本書の分析上の主題は、「あきらめ」だ。古市君は、あきらめきれない様々なもやもやや目的を抱えてピースボートに乗った若者たちの多くが、ピースボートの旅を終えた後、結局のところそうしたもやもやや目的を「あきらめ」て、船上で得た仲間たちと「そこそこ楽しい」共同生活を始める様子を描き出している。この古市君の作品は、複数の角度から検討を加えることができるだろう（うっ、やはり硬めの書き方になってしまいつつある）。

まず第一は、記述・分析の仕方という観点だ。古市君による現象の記述は、ひとつのくっきりした知見としてとても興味深い。あくまで一回のクルーズを対象としたモノグラフではあるけれど、ピースボートという場にどのような人々――特に若者たち――が集まってきていて、航海中をどのようにすごし、そのあとどうなっていったかについて、量的データと質的データを組み合わせて、これほどまざまざと描き出した研究はかつてない。目的性と共同性という二つの軸を使って若者たちを「セカイ型」「自分探し型」「観光型」「文化祭型」の四つに類型化し、それぞれの特徴や互いの差異を取り出したことも成功していると思う。また、単に現象を記述しただけでなく、「承認の共同体」「クール・アウト」（※本文では「冷却」）などの社会学の概念にちゃんと着地させているのも、たいしたものだ。

記述・分析の仕方について、あえて注文をつけるとすれば、質問紙データをもう少し活用できたのではないかということと、若者が「何を」あきらめたのかということがいまひとつすっきりしていないということだ。後者に関しては、古市君は、政治的理念や地位達成や自分探しやなんやかやをひっくるめて、とにかくいろんなものを若者はあきらめたのだ、という書き方をしているが、これについてももう少し整理した記述が可能だったかもしれないと思う。ただし、それらの「追い求める何か」の具体的内容が何であっても、機能的に等価なのだという立場に立つならば、「ひっくるめて」考えることも可能ではある。

この本を吟味する際の二つめの観点は、記述の中身ではなく、起こっている現象のメカニズム、つまり「なぜこうなるのか」ということの追究に関してだ。これについては、古市君はあまり多くを語っていない。ピースボートの乗船経験が、若者をなぜ「あきらめさせる」方向に働きがちなのか。そうした作用を生み出すのは、ピースボートという場やそこで過ごす時間に含まれているどんな要素なのか。重要なのは閉鎖空間で一緒に長い時間を過ごすことなのか、それとも祝祭的な独特の空気の濃さなのか、あるいは日本以外の広い世界に、たとえかすっただけとはいえ触れたことなのか、大きな目標をとりあえず達成したという事実そのものなのか。ピースボートという対象には、これらの諸要素が混然一体となっており、それらを切り分けて実験することなどできないからには、メカニズムや要因を明らかにするというのはそもそも難しい要求ではある。でも、古市君の知見がピースボート以外の何か別の事柄にどこまで応用可能なのかを、仮説的にでも示すためには、そういう観点から掘り下げた調査——たとえばよりイン・デプスなインタビューを通じて——や考察があれば、さらに充実した研究になったのではないかと思う。

以下は私の推測だが、ピースボートは日常からの隔絶の度合いが、時間的にも（開始と終了の区切り、一定の長さ）、空間的にも（船および海外）、社会的にも（クルーズのメンバー）、明確であるがゆえに、ひとつの儀式としての性格・機能がきわめて強くなっている事例だと考えられる。その点で、文化祭やサウンドデモ、合宿、宗教団体など、何らかの要素を共有する対象と比べても、「あきらめさせる」＝「区切りをつける」はたらきが顕在化しているのだろう。本文中でも多少言及されているが、文化人類学やゴッフマンの社会学などから、現象の解釈に役立つ概念が得られるだろう。

そして第三の観点は、これがもっとも厄介、というか重いものなのだが、古市君が見出した現象をどのように評価するかという、スタンスの問題だ。これについて、古市君の書き方は微妙で周到だ。「承認の共同体」や「居場所」は若者に「あきらめ」をもたらすにすぎない、それらに多くを期待することはできない、でもそれでいいのだ、という、ある意味「うねった」評価を古市君は与えている。

こういうスタンスに私・本田がどういう反応をするかも、古市君はちゃんと先取りしている。7-2の中で私がこれまで主張してきたことが言及されているが、そこにもあるように、私は古市君のように「でもそれでいいのだ」と言ってしまうことには違和感を持つ。その違和感の核にあるのは、古市君が何度か使っている、「お金がなくても仲間とそこそこ楽しく暮らしている」といった表現への疑念だ。そのような生活は、どれほど持続可能（サスティナブル）なものなのか？　実際にはなかなかシビアなのではないか。

そう考える理由は大きく二つに分けられる。そのひとつは、上記の表現の中の「お金がなくても」という部分、つまり生活を支える物質的基盤ということだ。古市君自身が「帰国後の若者たちは、低賃金で不安定な労働に就いている人も多い」と書いているが、このように脆弱な基盤の上に載っている生活が、どれほどの時間的スパンで成立しうるのかについて、私は危惧を覚える。たとえば病気になったら、たとえば子どもができたら、たとえば「低賃金で不安定な」仕事すら失ったら、友だちとルームシェアして時々ホームパーティを開く生活は続けていけるのだろうか。

このような危惧には、そうした生活を持続可能にするような医療や保育、所得補助などのセーフティネットの拡充という方向で対処することももちろん考えられる。または、「お金がなくても」と言わなくてすむように、きちんと個々人の力や貢献に見合った生活できる賃金が得られるように、労働市場や人材形成のあり方を整えていくことも、私自身は重要だと考えている。ただし、古市君は、そのように「社会を変える」努力は、「あきらめられない人が勝手にすればいい」と言っている。でも、ほんとうにそうなのか。自分たちの生活を守るためには、やはり政治的な声を当事者が（も）発する必要があるのではないか。「低賃金で不安定な」労働も、ひどさの度が過ぎるときには当事者が（も）是正する動きに出るべきなのではないか。

たとえば、「働くこと」の諸問題に取り組んでいるNPO法人POSSEの今野晴貴君は、『マジで使える労働法』（イースト・プレス）という本の中で、次のように述べている。

POSSEでの活動を通して、たくさんの働く人たちと出会ってきた。そこで強く感じたのは、今の日本の我々世代の特徴として「すぐに諦めちゃう」ということ。それほどまでに、絶望感が広がっているんだなと感じた。会社に対しても交渉ができないという諦めの広がりがハンパじゃない。（中略）でも、はっきり言おう。あなたたちは会社の奴隷じゃない。会社が違法行為をしたら、それは会社に責任を取らせるべきなのだ（7－8頁）。

市民社会というのは、常に無地のキャンバスみたいなもの。どんな色を塗るのかは、あなたがどう行動するか、どう交渉するか次第。その行動、交渉するときのツールが労働法なんだ。だから、これを使って、市民社会のキャンバスを塗り替えていく。昔に作られたルールがぶっ壊れて、「野蛮」な状態になってしまっているのだったら、その「野蛮」な状態の市民社会に、「文明」の絵を描いていく。そういうことを、これからやっていく時代に来ているんだ（142頁）。

あるいは、あの宮台真司さんだって、政治をバスにたとえて次のように言っている。

（引用者注：敗戦後の日本では）乗客たちは運転手に何もかも「お任せ」してき

た。目的が自明（経済的豊かさ）だから、いちいち目的地を告げないし、ルートも運転の仕方も運転手の選択に任せてきた。それでうまくいった。ところがうまくいかなくなった。バスが今まで走ったことがない場所を走るようになったからだ。経済的に豊かであり続けようとしてもルートはもはや自明ではない。幸せが経済的豊かさとイコールだった時代も終わった。自明さを前提にして運転手に「お任せ」しているわけにはいかなくなってきた。乗客である我々は、運転手にその都度の目的地を告げねばならなくなった。目的地に向かって適切なルートをとっているのか、道路状況にふさわしい運転をしているのか、徹底監視せねばならなくなった。監視したうえであれこれ文句を言い、場合によっては運転手を取り替える必要も出てきた（宮台真司・福山哲郎『民主主義が一度もなかった国・日本』幻冬舎新書、3－4頁）。

これらの主張は、「誰か、やる気のある人が勝手にやってくれるだろう」という考え方とは対極的に、社会の存続や改善にとって、個々人の判断と行動が不可欠であることを説いている。私も、「誰かが勝手にやって」というフリーライダー（ただ乗り）的発想は、一方ではずるいし（倫理的問題）、他方ではとてもそんなこと悠長に待っていられないようなひどい状況に簡単になってしまうし（実利的問題）、やっぱりやばいだろうと思う。

でも確かに、私が接している若者の中にも、「社会の変革とかは誰か偉い人にやってもらえばいいので、自分には関係ない」と悪びれることなく主張する人が全然珍しくないので、古市君的な考え方は、今の若者のリアリティを捉えているのかもしれない。それはそれできわめて興味深い現象であり、じっくり研究するに値する。でもやっぱり私には、「それでいいよ」とは簡単には言えない。

もうひとつの違和感は、「仲間とそこそこ楽しく」という部分に対してのものだ。私は人とつるめない体質であることもあって、目的なしにまったりと過ごし合う仲間の持続可能性にも危惧を覚える。人間関係は脆弱なものだ。気が合うと思った相手にもだんだん飽きてきたり、いやなところが目についたり、何だか波長が合わなくなって関係が腐ったり切れたりしてしまうことは必ずある。気が合うと思っていても実は互いに何もわかっていないことや、わかっていても見たくない部分には目を背けてしまうこともある。吉田修一さんの小説『パレード』（映画にもなった）は、そのグロテスクなデフォルメだ。仲間と一緒にいることだけが承認のリソースだった場合、その仲間を失ったり関係がおかしくなったりしてしまったとき、人は何にもない空間に取り残されてしまう。それを防ぐためには、属する仲間がいくつもあることか、または仲間以外に生きる支えのようなものがあることが必要だ。

私は以前に、次のように書いたことがある。

「標準」や「正解」が実際にはもう崩れかけている現実の中で、旧来の「標準的で安定したルート」の外側でもくじけないで生きてゆくためには、垂直の軸と水平の広がりを持つことが役立つということです。垂直の軸とは、その人を貫く何かの目標やそのための道具・手段です。これは自分にとって大切なことだ、自分にはすくなくともこれができる、と思える何かです。水平の広がりとは、あなたと関わりをもつ人々です。できればあなたと年齢や立場が異なる、いろんな人がそのなかに含まれていたほうが、あなたは倒れにくくなるでしょう。しかし、水平に広がる、そのときどきの人間関係とは、不安定で脆弱なものです。そして、もし水平の広がりが狭く希薄になっても、垂直の軸があれば何とか耐えることができます。逆に、垂直の軸が弱くなったときに、水平の広がりから、それを再び強くするエネルギーをもらえることもあるでしょう（「いま、若い人たちへ」『軋む社会』双風舎、250－251頁）。

考えてみれば、ここで「垂直の軸」と呼んでいるものは古市君の言葉で言えば「目的性」に近く、「水平の広がり」と呼んでいるものは古市君の言う「共同性」に近い（パットナムによる社会関係資本の類型化を使えば、古市君の「共同性」の方がやや「ボンド」的イメージで私の「水平の広がり」のほうが「ブリッジ」寄りだが）。つまり、古市君も依拠しているホネットの共同体論と同じことを私は述べていたわけだ。古市君はそこから目的性が抜け落ちてしまっても「それでいいのだ」とするのに対し、私は目的性への執着を捨てられない。

右の引用でも述べているように、私は「垂直の軸」（目的性）と「水平の広がり」（共同性）は相補的で循環的に互いを強化する関係にあると考えているので、その片方を失うことは、やはり危ういと思う。確かに、そうそう目的性なんて持てないし、持てたと思ったってまやかしかもしれないし、という見方もあるだろう。でも、短くても細くても、仮のものでも、何らかのベクトルがないと、余計に生きていきにくいのではないの？　そして、そのベクトルを探そうとして自分の中だけのぞきこんでても見つかりにくいから、だったらいっそ広い周囲に目を向けてみたほうが見つかりやすいんではないの？　だって、今の日本も世界も課題だらけ、ネタだらけ、突っ込みどころ満載で、それを何とかしようとばたばたすることは必要だし、そのほうが生きることに退屈しない。

……と書いてはきたが、古市君にとってはすべて想定内の反応だろう。たぶん彼は、私の意見を読んでも、あいかわらずにこにこしているに違いない。彼は、誰も否定したくないのだろうと思う。「起きていることはすべて正しい」（勝間和代さんの用法とはちょっと違うが）と考えているのかもしれない。あるいは、すべての若者が（若者以外も）、それぞれぎりぎり精一杯の状態で生きていることを、よくわかっているのかもしれない。また、あとがきで書かれているように、彼自身が「「彼ら」と同じ船に乗った一人」なのだし、それでも研究する側である古市君と「彼ら」との絶妙な距離感が、この本における結論なのかもしれない。常に何に対しても「それでいいの?」とまぜっかえしたくなる天《あま》の邪鬼《じゃく》な私とは別の、ある種洗練されたふるまい方が、古市君を含む若い人たちを中心として、広がり始めているのかもしれない。

古い世代である私の考えと、新しい世代である古市君たちの作法を、何とか摺《す》り合わせて落としどころを探るならば、次のような結論になるだろう。いろんな生き方があっていいし、どんな生き方であっても「絶対こうでなきゃ」とか思う必要はない。

とにかく今を生き延びること。そのために必要なら、時にはあきらめたふりをし、時にはあきらめたくない何かに出会って追いかければいい。すべては途中なのだ。だから、とにかく使えるものは――目的性だろうが共同性だろうがセーフティネットだろうが――何でも使って、じたばたと生き延びること。そのためには、何が使えそうか、そのときそのときでもっとも使えるものは何か、ちらちら横目で見ながら選択肢の「溜《た》め」(by 湯浅誠)を作っておいたほうがいい。そしてもちろん、為政者を含めて「社会を良くしていく」責任を担うべき／担いたい者が、そうした選択肢の「溜め」を社会の中に整備してゆくことが必要なのだ。

今走るんだどしゃ降りの中を　明日が見えなくなっても
君のために何でもやる　意味なんてどうにでもなる
力ではもう止められない
（スピッツ「恋する凡人」２０１０年）

この本のまとめ（東大院生のまとめたきれいじゃないノート）

1章　固い時代からグニャグニャした時代へ
経済成長という社会に共通のゴール
日本では大阪万博がピーク
近代
メリトクラシー
1973
1991
後期近代
家
会社
地域
生きづらさ
閉塞感
昔あった共同体がなくなりつつある。
自分探し
社会にもはや共通のゴールはない時代
「承認の共同体」が必要!?
2章　旅する若者の歴史
特別な目的
② アンノン族 カニ族 バックパッカー
③ 新・団体旅行
- ピースボート
- ワーホリ
- ボラバイト
PEACE BOAT
LOVE
団体旅行
大人になるための通過儀礼だった
団体旅行
① マスツーリズム 物見遊山の旅
近代
パック旅行
3章　ピースボートの秘密
秘密① ピースボートって政治団体?
→ 昔は政治色が強かったが、今はそれを前面に出さない。
→ でも9条ダンスなど政治イベントは多い
秘密② なんでピースボートは人気なの?
→ 安くて気楽 — 船の中はおうち気分
飛鳥II など他の日本発クルーズの半額以下
みんなサンダルかクロックス
秘密③ 無料で世界一周!?
→ ポスターを貼ると乗船賃が割引に。
→ ポスター貼りの拠点ピースボートセンターでみんな乗船前に仲良しに。
4章　5章　ピースボートに乗る若者たち
ピースボートの理念に共鳴
目的性
セカイヘーワ!
船の雰囲気になじめている
共同性
難民問題に興味があって船に乗ったの
自分探し型
セカイ型
観光型
文化祭型
マチュピチュ楽しみ!!
地球の歩き方
よくわかんないけど、毎日楽しいー!!

4章—6章
④ 承認の共同体としてのピースボート
共同性 ＋ 目的性
114日間の世界一周クルーズ
世界のNPOや難民キャンプなど訪問
9条ダンス
リターンマッチ
冷却
⑤ 自分探し型
ワーホリ
アートイベント
新しい自分がまだどこかにいるはず!!
⑤ セカイ型
文化祭型
・もう政治には関わらない
・お金がなくても楽しい日々
⑤ 観光型
日常に戻る
私は何も変わらなかった。
① 現代的不幸
単調な毎日。このまま人生も終わっちゃうのかな
② ムラムラする
世界一周
自分を変えてくれるのはこれだ!!
③ リアリティの転換
(自分探し→世界平和)
難民
憲法9条
戦争
平和
貧困
信者のようになる。

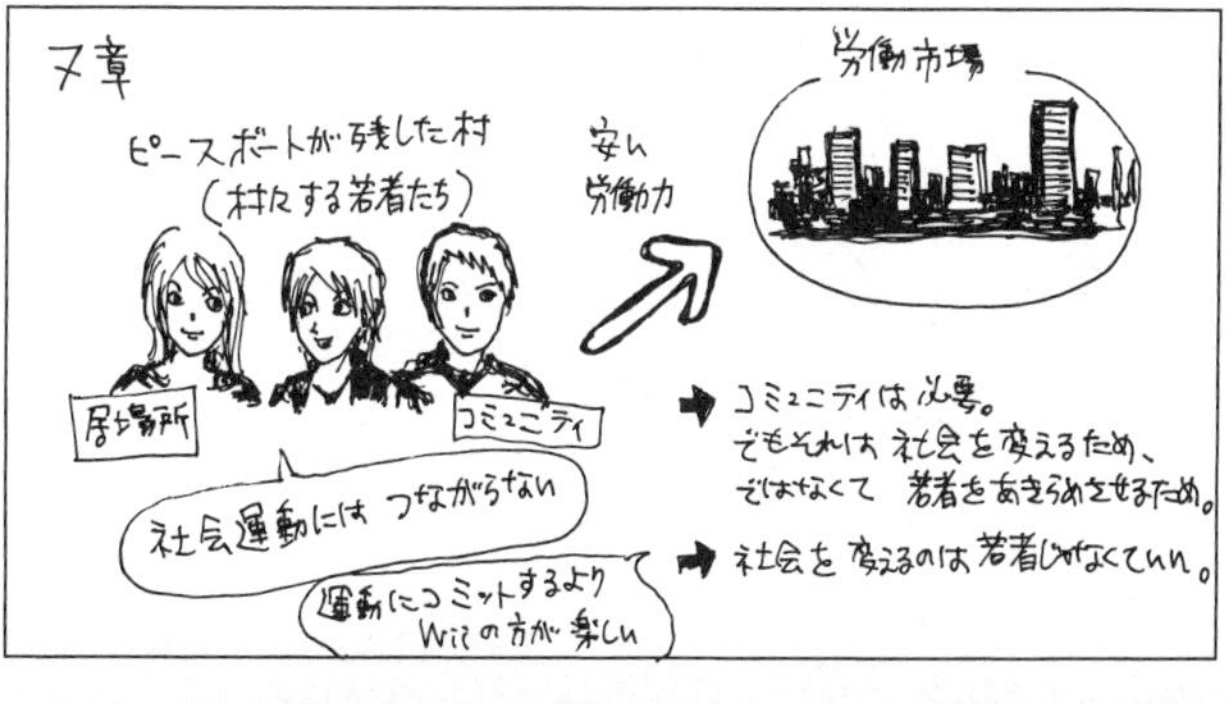
7章
ピースボートが残した村
(村化する若者たち)
居場所
コミュニティ
社会運動にはつながらない
運動にコミットするよりWiiの方が楽しい
安い労働力
労働市場
→コミュニティは必要。でもそれは社会を変えるため、ではなくて若者をあきらめさせるため。
→社会を変えるのは若者じゃなくていい。

文庫版あとがき

本書は、２０１０年８月17日に光文社新書として発刊された『希望難民ご一行様　ピースボートと「承認の共同体」幻想』を文庫化したものである。当時25歳だった僕にとって初めての著書だった。「デビュー作あるある」だと思うが、きちんと本が発売されているのかを確かめるため、友人と連れだって書店に行ったことを覚えている。

新書コーナーに本は並んでいたが、しばらく待っても誰かが手に取り、レジに持って行く姿は目撃できなかった。それから10年以上にわたって本を出し続けてきたが、まだ一度も「書店で自著を買ってくれる読者」に遭遇したことがない。

『希望難民ご一行様』は爆発的ヒットとはいかなかったが、幸いにも多くの書評に恵まれ、社会運動論、労働研究、観光学などの論文で（時に批判的に）参照された。刊行後すぐ明石陽介さんが『ユリイカ』への原稿依頼、長谷川裕さんが『文化系トークラジオ Life』への出演依頼をしてくれた。

すでに歴史に属する事象だろうから補足しておくと、2000年代後半、ささやかな「若手論壇ブーム」が起こっていて、鈴木謙介さんや宇野常寛《つねひろ》さんたちが注目を浴びていた。『希望難民ご一行様』でデビューした僕は、「その最後発の一人」(中森 2015)と見なされたようだ。

本書は、トランプゲームも強い社会学者の大澤真幸さんが書評で端的に表現してくれた通り、「ピースボートへの参与観察をもとにした若者論」である(大澤 2014)。実際、本書は「若者論」として注目された面があり、それが次作『絶望の国の幸福な若者たち』へつながった。

一方で、構成を見てもらえばわかるように、本書の関心は「若者論」というよりも、コミュニティ論や、社会運動論にあった。

古典的な社会運動論では、個人の抱く不満や心理的緊張が社会運動を生み出すと考えてきた。その後、発展した資源動員論では、社会を変えようとする組織が、いかに人々を巻き込めるのか、という点に主眼が置かれ研究が進んだ(樋口 1999)。

そこに共通するのは、社会運動において社会的紐帯《ちゅうたい》やネットワークなどの「共同性」

を重視する視座だ。それは当然といえば当然で、何か社会を変えようと思った時、デモでもロビーイングでも仲間作りが必要なのは経験的にも理解可能だろう。政治家を目指す時も、支持母体や投票者の確保という意味で、コミュニティは必須である。

だが本書の結論が示唆するように、「共同性」が「目的性」を冷却するならば、いかに社会運動は可能なのか。その点について考察したのが、近年は道路交通法を事例に自由主義的統治について分析している社会学者の橋口昌治さんによる論考だ（橋口２０１４）。橋口論文では、労働運動に参加する30代の組合員２人のインタビューを実施、「あきらめ」が「政治的目的性」を加熱する可能性について議論している。彼らは、企業社会においては望んだ地位に就くことができなかったが、組合における労働相談を通じて、個人的な問題だと捉えていた出来事を、社会的・集合的に解決すべき問題へと転換させた。

つまり、社会的な地位上昇という意味では「あきらめ」を経験しているが、組合の提供する「共同性」が、彼らの「政治的目的性」を加熱させたというのだ。

本書でも参照したアクセル・ホネットは「尊重の欠如の経験は、社会運動という表現手段が用意されている場合にのみ、政治的な抵抗行為を動機づける源泉になる可能性がある」（Honneth 1992=2003:187）と述べているが、橋口論文のケースは、労働組合という形で、個人と社会が接続されたといえるだろう。ちなみにどうでもいい話だが、アクセル・ホネットの来日時、著書にサインを書いてもらった思い出がある。『承認欲望の社会変革』（西尾・日下・山口 2015）は、ワークキャンプに参加する若者を事例に、「共同性」による「目的性」の冷却について考察する。ワークキャンプとは、参加者が特定地域で数週間から1カ月程度、「キャンプ」（共同生活）を営みながら、現地の住民と「ワーク」に取り組む活動だ。過疎化した農山村で農作業を手伝う、難民キャンプで国際ボランティアとして関わるなど、内実は国内外で多種多様である。

　西尾論文では、FIWC（フレンズ国際ワークキャンプ）の事例を通して、メンターやボランティア・コーディネーターの重要性を指摘する。キャンプ参加者には公共的な視点が失われ、私的な親密圏に閉じこもる状態が確認されたが、コーディネーターらによるミーティングや話し合いで、冷却された「目的性」が再燃するのではないかという。3人の著者の間では、分析視座や結論に異同があるのだが、「あとがき」によるとやたら酒を酌《く》み交わしていることがわかる。

　橋口論文における労働組合や、『承認欲望の社会変革』のワークキャンプや労働組合は、本書の事例で言えば、ピースボートセンターや、航海中のピースボートに近い。

制度的に「社会」や「政治」に興味を持つように設計された共同体に所属する間、参加者の「目的性」が維持されるのは不思議ではない。ファシリテーターの重要性は本論でも触れている通りだ。

問題は、その持続可能性だろう。労働組合やワークキャンプに関わった若者たちは、いつまで社会変革の意思を持ち続けることができるのだろうか。長期的に見れば、結局は「目的性」の冷却が起こるのではないだろうか。

デモはどこへ消えた？

現代は、社会運動が困難な時代だと言われる（小峰 2022）。社会運動の基本は、自分たちの思想を相手に伝え、説得し、組織に加入させることだ。だが「押しつけ」が嫌われる時代に、社会運動による組織化（オルグ）もまた時代錯誤に見える。

一方で、SNSをはじめとしたインターネット環境の普及は、瞬間的な大量動員を可能にした。

新書版の出版から約半年後の2011年3月11日、東日本大震災が起こった。特に福島第一原発の事故は日本社会を動揺させ、同年4月に東京の高円寺で開かれた「原発やめろデモ」を嚆矢《こうし》として、デモや集会を目にする機会が増えた（古市２０１５）。２０１２年には原子力発電所の再稼働に反対する首相官邸前抗議が毎週金曜日に開催され、特に6月29日だけでも20万人（主催者発表）もの人が集まったという。

その後、日本の「デモブーム」は２０１５年頃まで続くが、興味深いのは抗議対象が次々に変わってきたことだ。２０１２年からは脱原発を基調としつつ、２０１４年には特定秘密保護法への反対、２０１５年には集団的自衛権を容認する平和安全法制への抗議運動が注目を浴びた。特に学生団体ＳＥＡＬＤｓの洗練された活動は、多くのメディアにも取り上げられ、「社会を変える若者」として激賞されることも多かったが、２０１６年に解散している。

２０２２年夏には夏の電力需要が逼迫《ひっぱく》する中、原子力発電所の本格的な再稼働と、新増設も視野に入れた政府方針が発表された。ちょうど10年前の２０１２年の夏に首相官邸前にいた人々に提示したら激怒されそうな政策だが、同じ規模のデモが起こることはなかった。

このようにＳＮＳ時代の社会運動は移り気に見える。もはや「共同性」によらずとも、社会を揺るがすかに見えた運動は、雲散霧消してしまう。ＳＮＳは短期における動員には向いているが、継続的な組織運営と相性がいいわけではない。デモの相次いだ２０１０年代は「政治」の時代だったともいえそうだが、結局この社会に何を残したのだろう。

どうやら当事者たちは冷静だったようだ。ＳＥＡＬＤｓ創設メンバーの奥田愛基さんは、２０１６年の著書で、解散について次のように述べていた。「ズルズルと、組織を続けることを目的」にしてしまったら「関わるメンバーの日常も、そこに全て巻き込まれていってしまう」（奥田　２０１６：261）。彼らは社会運動を「居場所」にしないことを選択したのだ。

仮にＳＥＡＬＤｓが継続していても、熱狂を保つのは難しかっただろう。そもそもデモの参加者には若者よりも高齢者が多かったし、特定の目的があったからこそ人々は集まりやすかった。だが利潤の追求という大前提のある営利企業と違って、社会運動の継続は困難を極める。

ピースボートは無意味なのか？

では社会運動は全くの無意味かといえば、そうは言い切れない。

『承認欲望の社会変革』は、ワークキャンプを肯定的に描く一方で、「進歩的社会運動」

なるものを批判する。すなわち「少なからぬ進歩的社会運動は、より良き社会を希求しながらも、しばしばあまりに単純化された善悪の世界観で「敵」を攻撃する言説をばら撒《ま》いている」。結果として「自らの正義を追求するあまり、民主主義の複数制を否定し、結果的に善悪に分断された世界観とルサンチマンの政治を助長してしまいかねない」（西尾・日下・山口 2015：9）。

「敵」と「味方」を分けるのが政治の基本であるので仕方ないのかも知れないが、近年のSNSではこうしたギスギスした争いをしばしば目にする。

少なくとも本書が対象としたピースボートに乗船した若者は、「進歩的社会運動」とは一線を画しているように見える。団体としての主張も穏健だ。本書でも扱った通り、元自衛官が「左翼的な場所」だと知らずにうっかり乗ってしまうくらいである。そしてピースボートも、主義の違う人を積極的に排除しようとはしない。

僕自身、新書版の出版後、2012年末の日韓共催のショートクルーズに、当時から貫禄のあった社会学者の開沼博さんと共に水先案内人（講師）として招かれた。

時節柄、脱原発を掲げたクルーズだったが、開沼さんは著作の中で脱原発を唱える「良識派知識人」を華麗に皮肉っていた。曰く、彼らはいつも新しい悲劇を探している。安全な場所から、「原発」という悲劇に盛り上がり、自意識を満たすためだけのポジション争いに終始している（開沼 2012）。

明らかに「良識派知識人」ばっかり乗ってくるだろうクルーズに、開沼さんを交ぜてみるなんて挑戦的だ。考えてみれば、トラブル続きのクルーズを皮肉った本書を出した僕まで、なぜか講師として呼ばれている。少なくともその点において、ピースボートは多様性に寛容な団体だといえるだろう。

ちなみに同クルーズには、社会学者の宮台真司さんも講師として乗船していた。かつて女子高生を対象にしたフィールドワークで腕を鳴らした宮台さん。ピースボート側もそこは不安だったらしく、案内人の中で宮台さんだけが「乗船者と性的関係を持たない」という趣旨の誓約書を書かされたらしい。その誓約が守られたのかどうかは知らない。

少なくともピースボートは、数々のつながりを生み出してきた。本書は、「承認の共同体」が政治運動に発展する可能性には否定的だが、「コミュニティ」や「居場所」の価値は、新書版の出版時よりも高まっているように思う。

欧州では、イスラム過激主義に染まり、テロに参加する若者が大きな社会問題となっている。イスラム過激派に参加する若者の特徴は、アイデンティティ不安を抱えていたり、承認欲求が満たされていないことだという。勧誘者は、若者が入《い》り浸《びた》る場所に出かけ、若者言葉を交えながら、彼らの悩みや不安を聞いていく。そして巧みに過激派の思想を伝えていくのだ。その意味で勧誘者たちは「優れたソーシャルワーカー」であるという(Mansour 2015=2016)。

近年、日本で起きた重大事件を振り返っても、その加害者が何らかのコミュニティに包摂されていれば、防げた犯罪があったのではないかと思ってしまう。その包摂先として、ピースボートは悪くはない。もちろん万人にとってベストだとも言わないが、暴力団や悪質な宗教団体よりは社会にとって利が大きいだろう。

人は経済的に貧困でも、良好な人間関係に基づく活動が活発であれば、幸福度が高くなるという研究がある(浜田 2014)。だが、こうした研究をもとに「ベーシックフレンド」のような形で、国家が孤立した人々に対して「人間関係」を供給することは現実的だろうか(古市 2016)。どう考えてもディストピアにしか思えないし、そもそも人工的に「共同性」を発生させるのは難しい。

その「共同性」を構築するためのヒントも、本書は提示していたようだ。大澤真幸さんによれば、ピースボートの若者たちが「共同性」を獲得できたのは、世界平和という「目的性」が擬似的な大義として機能したからだという。「共同性」は「目的性」を追求したことの副産物として得られた時に限って、深いものとなる。すなわち、ピースポート乗船と同期間、合コンやパーティーを繰り返しても、同じような「共同性」は得られなかっただろうという（大澤 2014）。

「目的性」には様々な名目が考えられるが、「外国人排斥」「革命政権樹立」など、実現のために社会的衝突が避けられないテーマよりも、ピースボートの掲げる「世界平和」や「感動に出会うあなただけの旅」は非常に穏健で安全でもある。

仲間のために動き出す

ピースボートに乗船した若者たちは、その後どのような生活を送っているのだろう。大まかな傾向として、政治的な「目的性」は冷却され、「共同性」が維持されるという結論は間違っていなかったように思う。

皆無とはいわないが、62回クルーズの乗船者を中心とした大きな社会運動が生まれることはなかった（ただし知る限り、市議会議員を1期務めた乗船者は一人いる）。乗船中は9条ダンスの中心メンバーであり、「船を降りたら9条のことを全国に伝えて回る旅をしたい」と語っていた「セカイ型」のユウスケは、下船後しばらくして小学校の指導補助員となった。

日本帰国から約2年後の2010年7月に開かれたホームパーティーでは、ほとんど政治の話題が出ることはなかった。唯一の例外は、ユウスケが乾杯の時に、当時施行されたばかりの憲法改正国民投票法に関して冗談交じりで、恥ずかしそうに少しだけ触れたことだ。だが船内の時のように熱い議論に発展することはない。ちょうど参議院議員選挙が3日後に控えていたが、やはり言及する人はいなかった。

ユウスケは、後に小学校の指導補助員を辞め、一時期は人気YouTuberを目指していたが、近年は母の仕事を手伝いながら「エジプトの幻の薫香《くんこう》っていうのを再現するのに気合いを入れている」という。

政治的な活動には関わっていないが、9条ダンスに関わっていたメンバーに重篤な病気が発覚した時は、ユウスケらが中心となり、治療費を集めるためにFacebookを通じて募金の呼びかけが行われた。残念ながらそのメンバーは急逝してしまうが、150万円を超える募金は、遺族に渡され、葬儀には多くの船仲間が集まった。

また、北海道でオーガニックファームを始めた一人が大雪の被害に遭った時は、LINEグループで情報が共有され、すぐに何人もが支援を表明した。LINEグループは普段、誰かの結婚や飲み会の誘いなど、他愛のない話題が中心で、「脱原発」や「ロシアのウクライナ侵攻」「憲法改正」が議題に上ることはない。しかし仲間の危機には、すぐに動き出す。このように「セカイ型」と「文化祭型」を中心とした開放的なコミュニティは維持されているのである。

これは価値判断の問題だが、SNSに政治的なメッセージを書き込むだけで社会運動をした気になったり、「進歩的社会運動」に邁進《まいしん》する人々に比べて、仲間のために駆けつけるコミュニティを持った元ピースボート乗船者の方が、広い意味では「社会」に貢献しているともいえる。

もちろん彼らも、あえて政治問題をグループLINEには投稿しないだけで、「脱原発」や「憲法改正」に対して、何らかの思いを抱えている場合も多い。

では、「セカイ型」や「文化祭型」と違って、「共同性」から距離を置いていた若者たちはどうなったのだろう。

「何かイベントやアクションを起こしたい」と言っていた「自分探し型」のカズトシは、下船後は結婚式の写真撮影や、テレビ局の設営のアルバイトをして生計を立てていた。2010年の時点では、本当は写真一本で暮らしていきたいが、同時にそれが難しいとも語っていた。しかしその後、カメラマンとしての仕事は軌道に乗り、現在はプロとして活躍、忙しい毎日を送っている。

下船後、「何か」を探してワーキングホリデーに出かけたマリカとテッペイは結婚、カフェレストランを開業した。さらに2020年には、ドッグランを併設するレストランもオープンさせ、人気を博している。大型犬も小型犬も受け入れる天然芝のドッグランは関東最大級の広さだといい、「海外リゾート」のようだと評されることもある。

もちろん全ての「自分探し型」が順調というわけではないが、後期近代において「自分探し」を続けたというのは、時代に適合した生き方だったのかも知れない。

それぞれのアフター・ピースボート

「若者」が主役の本だったが、それ以外の登場人物の「その後」についても触れておこう。

第5章で登場した「怒れる高齢者」たちの一部は下船後、同様にトラブルが発生した63回クルーズの乗船者と共に、ピースボートに対する損害賠償を請求する民事訴訟を起こした。2010年2月から東京地裁で始まった公判は、2014年5月に原告の訴えを退けるという判決が出ている。また2012年の75回クルーズでは「漂流事故」が発生、「被害者の会」が結成され、やはり裁判に発展した。

裁判を傍聴しに行ったことがあるが、全国から正装した高齢者が集まり、閉廷後は食事の約束をしているようだった。そこにもある種の「共同性」が発生していたのである。

問題続きだったクリッパー・パシフィック号は、63回クルーズを最後にピースボートを離れ、それからも何度か売却されている。最後のクルーズは、アジア・スター・クルーズ社によるカジノ船としての航海だったという。2013年にスクラップとして売却され、2014年に中国で解体された。

ピースボートは、新型コロナウイルスの流行という未曽有の危機を乗り越え、現在も活動を続ける。そもそも2010年代後半から、日本発の世界一周クルーズは冬の時代を迎えていた。ソマリアの海賊による治安悪化などを理由に、「ぱしふぃっくびいなす」や「にっぽん丸」は世界一周から撤退していた。日本の外航クルーズ人口は増えているにもかかわらず、世界一周クルーズ参加者は、2019年には1800人にまで落ち込んでいる（国土交通省「我が国のクルーズ等の動向について」）。

そんな中、2020年に新型コロナウイルスの流行が始まった。よりによって、初期の感染源の一つがダイヤモンド・プリンセス号というクルーズ船だった。ピースボートもクルーズの中止を余儀なくされたが、2020年7月に過去の乗船者によって企画された「ピースボートを助けたい」という趣旨のクラウド・ファンディングだけで

3600万円以上を集めている。支援者の数は3222人に及んだ。まさに仲間のためになら、いくらでも力を貸す事例といえる。

ピースボートは2023年に40周年を迎える。その間、多くの社会運動が消滅していったことを考えると、驚異的ともいえる期間だ。本書はあくまでも、乗船する若者に対する観察をもとに、「共同性」が「目的性」を冷却させると結論したが、それは組織としてのピースボートには当てはまらないことになる。どう考えても僕の仕事ではなさそうなので、誰かが研究すればいいと思う。

参与観察をもとにした研究であるので、文庫化にあたって本論に変更は加えていない。研究者が参照する際は、新書版でも文庫版でも大きな異同はないはずだ。ただし刊行から10年以上が経っているので、できるだけ2020年代以降の読者が読んでも違和感のないように修正した。具体的には「mixi」や「カツマー」など、時代を感じるようになってしまった固有名詞は、違う言葉に置き換えている。また若者の海外旅行事情やクルーズ事情に関して、補足を加えた。

どんな本も古くなる。本書の主な舞台は、2008年のことだ。やがて東日本大震災が起こることも、新型コロナウイルスの流行が世界をパニックに陥れることも知りようもなかった時代である。iPhoneは発売されていたが、スマートフォンの普及率は非常に低かった。LINEもインスタグラムもなかった。本文中には何度か「携帯電話」や「携帯」という単語が出てくる。時代が滲んでしまう言葉だが、2008年の若者について語る時には残さざるを得なかった。

社会は変わっていく。「普遍的な真理」を発見しようとする自然科学に比べて、参与観察による研究は、あっという間に色褪《いろあ》せてしまうことがある。同時に、色褪せたからこそ見えてくるものがある。これから本書がどのように読まれていくのかは非常に興味がある。もちろん、誰にも読まれないということもあるだろうけど。果たして書店で誰かが手にする姿を目撃することはあるのだろうか。

作家の全てがデビュー作に詰まっているとは思わないが、一つの原点であることには違いない。立ち返る場所といってもいい。登場人物の多い本書には、もう会えなくなってしまった人も多く出てくる。きっと読み返すたびに、よみがえる瞬間や、彼らの表情は変わっていくのだろう。この本を一作目にできたことを嬉しく思う。

光文社未来ライブラリーは、
海外・国内で評価の高いノンフィクション・学術書籍を
厳選して文庫化する新しい文庫シリーズです。
最良の未来を創り出すために必要な「知」を集めました。

本書は2010年8月に光文社新書『希望難民ご一行様　ピースボートと「承認の共同体」幻想』として刊行したものに、加筆修正して文庫化したものです。

光文社未来ライブラリー

希《き》望《ぼう》難《なん》民《みん》

ピースボートと「承認《しょうにん》の共同体《きょうどうたい》」幻想《げんそう》

著者 古市憲寿《ふるいちのりとし》

2022年11月20日　初版第1刷発行

カバー表1デザイン　熊谷智子
本文・装幀フォーマット　bookwall
発行者　三宅貴久
印　刷　堀内印刷
製　本　ナショナル製本
発行所　株式会社光文社
〒112-8011東京都文京区音羽1-16-6
連絡先　mirai_library@gr.kobunsha.com（編集部）
03(5395)8116（書籍販売部）
03(5395)8125（業務部）
www.kobunsha.com
落丁本・乱丁本は業務部へご連絡くだされば、お取り替えいたします。

©Noritoshi Furuichi 2022
ISBN978-4-334-77063-1　Printed in Japan

R <日本複製権センター委託出版物>
本書の無断複写複製（コピー）は著作権法上での例外を除き禁じられています。本書をコピーされる場合は、そのつど事前に、日本複製権センター（☎03-6809-1281、e-mail : jrrc_info@jrrc.or.jp）の許諾を得てください。

本書の電子化は私的使用に限り、著作権法上認められています。ただし代行業者等の第三者による電子データ化及び電子書籍化は、いかなる場合も認められておりません。

NexTone許諾番号PB000053166

光文社未来ライブラリー　好評既刊

第1感
「最初の2秒」の「なんとなく」が正しい

マルコム・グラッドウェル
沢田　博
阿部　尚美　訳

一瞬のうちに「これだ！」と思ったり、説明できない違和感を感じたり。この「ひらめき」がどれほど人の判断を支配しているのか、多くの取材や実験から、驚きの真実を明かす。

ヒルビリー・エレジー
アメリカの繁栄から取り残された白人たち

J・D・ヴァンス
関根　光宏
山田　文　訳

白人労働者階層の独特の文化、悲惨な日常を描き、トランプ現象を読み解く一冊として世界中で話題に。ロン・ハワード監督によって映画化もされた歴史的名著が、文庫で登場！

子どもは40000回質問する
あなたの人生を創る「好奇心」の驚くべき力

イアン・レズリー
須川　綾子　訳

「好奇心格差」が「経済格差」に！　知ることへの意欲＝好奇心は成功や健康にまで大きな影響を及ぼす。好奇心はなぜ人間に必要なのか、どのように育まれるかを解明する快著。

世界は宗教で動いてる

橋爪大三郎

ユダヤ教、キリスト教、イスラム教、ヒンドゥー教、儒教、仏教は何が同じで何が違う？　世界の主要な文明ごとに、社会と宗教の深いつながりをやさしく解説。山口周氏推薦！

誰もが嘘をついている
ビッグデータ分析が暴く人間のヤバい本性

セス・スティーヴンズ＝ダヴィドウィッツ
酒井　泰介　訳

検索は口ほどに物を言う！　グーグルやポルノサイトの膨大な検索履歴から、人々の秘められた欲望、社会の実相をあぶり出した全米ベストセラー。（序文・スティーブン・ピンカー）

光文社未来ライブラリー　好評既刊

アマゾンの倉庫で絶望し、ウーバーの車で発狂した
潜入・最低賃金労働の現場
ジェームズ・ブラッドワース
濱野大道 訳
アマゾンの倉庫、訪問介護、コールセンター、ウーバーのタクシー—英国の〝最底辺〟労働に著者自らが就き、その体験を赤裸々に報告。横田増生氏推薦の傑作ルポ。

趙紫陽 極秘回想録（上・下）
天安門事件「大弾圧」の舞台裏
趙紫陽ほか
河野純治 訳
中国経済の発展に貢献しつつも、権力闘争に敗れ追放された元総書記。16年もの軟禁生活のなか秘かに遺された多くの録音テープが明かす歴史の真実とは？（解説・日暮高則）

ソビエト帝国の崩壊
瀕死のクマが世界であがく
小室直樹
今でも色あせない学問的価値を持つ、小室直樹氏のデビュー作を復刊。なぜ彼だけにこのような分析が可能だったのか？ 伝説の「小室ゼミ」出身である橋爪大三郎氏推薦・解説。

ありえない138億年史
宇宙誕生と私たちを結ぶビッグヒストリー
ウォルター・アルバレス
山田美明 訳
今の世界を理解するには、宇宙誕生から現在までの通史——「ビッグヒストリー」の考え方が必要だ。恐竜絶滅の謎を解明した地球科学者による科学エッセイ。鎌田浩毅氏推薦・解説。

DOPESICK
アメリカを蝕むオピオイド危機
ベス・メイシー
神保哲生 訳
タイガー・ウッズ、プリンスらが嵌《はま》った「鎮痛薬の罠」。年間死亡者、数万人。麻薬密売人と医師、そして製薬会社によるアメリカ史上最悪の薬物汚染の驚くべき実態を暴く。

光文社未来ライブラリー　好評既刊

サッカーマティクス
数学が解明する強豪チーム「勝利の方程式」

デイヴィッド・サンプター
千葉敏生 訳

勝ち点はなぜ3なのか？ スター選手は数学的に何が凄いのか？ サッカーのさまざまな「数学的パターン」を発見・分析し、プレイと観戦に新たな視点を与える話題作。

希望難民
ピースボートと「承認の共同体」幻想

古市憲寿

現代に必要なのは〝あきらめ〟か!? 「世界平和」や「夢」を掲げたクルーズ船・ピースボートに乗り込んだ東大院生による社会学的調査・分析の報告。古市憲寿の鮮烈のデビュー作。

■好評既刊

エマニュエル・サエズ／ガブリエル・ズックマン 著　山田美明 訳

つくられた格差

不公平税制が生んだ所得の不平等

富裕層はますます富み、中間層や貧困層はより貧しくなる真の理由とは？ピケティの共同研究者による衝撃の研究結果

史上最高レベルの不平等はどのように生まれたのか？／最高税率が高ければ格差は縮小し、経済も成長する／富裕層の租税回避を防ぐ方法／「過剰な富の集中は民主主義にとって、戦争と同じぐらい有害だ」

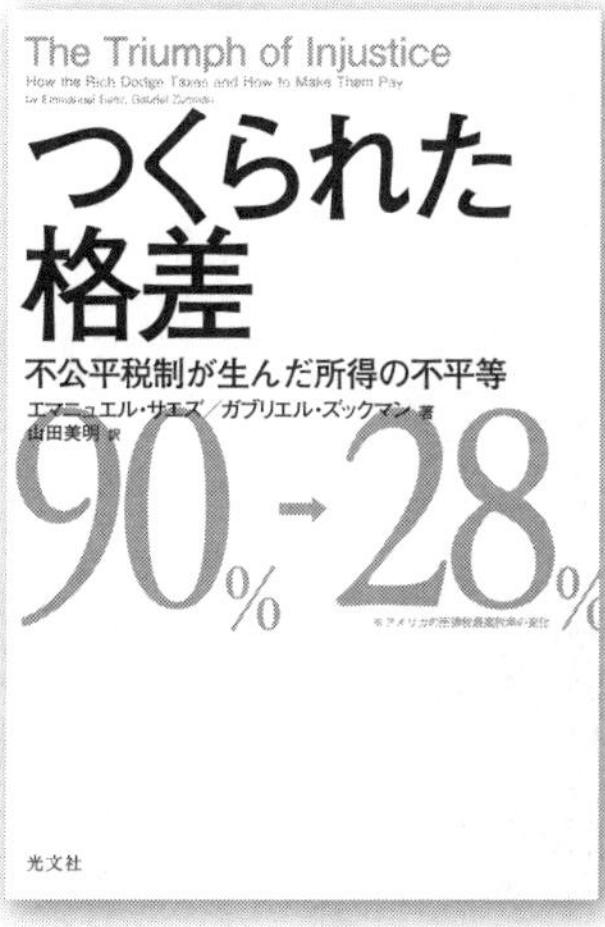

四六判・ソフトカバー

■好評既刊

ハイディ・ブレイク 著　加賀山卓朗 訳

ロシアン・ルーレットは逃がさない

プーチンが仕掛ける暗殺プログラムと新たな戦争

裏切者、反体制派、ジャーナリスト……
クレムリンはいかに敵を消すのか？

ロシアから英国に亡命した富豪の周囲では、多くの関係者たちが不審な死を遂げている。そして英国政府が事態を黙過しているうちに、暗殺者たちはアメリカに上陸しつつあった——。クレムリンによる暗殺プログラムの全貌と、プーチンの世界支配の思惑に迫る。ピュリツァー賞ファイナリストによる渾身の調査報道。

四六判・ソフトカバー

■好評既刊

エディス・シェファー 著　山田美明 訳

アスペルガー医師とナチス

発達障害の一つの起源

四六判・ソフトカバー

「発達障害に関心のある人には、ぜひ手に取って頂きたい一冊」

――岩波明氏（昭和大学附属烏山病院院長、『発達障害』著者）推薦・解説！

アスペルガー医師の業績は、ナチスの精神医学の産物だった⁉
自閉症スペクトラムの概念を拡大したアスペルガー医師の裏の顔を、史料の掘り起こしで白日の下に！

■好評既刊

ハル・グレガーセン 著
黒輪篤嗣 訳

問いこそが答えだ！

正しく問う力が仕事と人生の視界を開く

良い「答え」が生まれないなら、間違っているのは「問い」かもしれない

「問い」を変えてみることによって、職場や家庭の、もっとも厄介な問題に、より良い「答え」を導けたら？　偉大なる問いの力に魅せられた、世界的イノベーティブシンカーである著者が、問いの重要性と効能について語り、それを次々と生み出す環境やテクニックについても解説。「問い」研究のすべてを明かす話題の書。

四六判・ソフトカバー